완벽한 부모가
놓친 것들

KOUGAKUREKIOYA TOIU YAMAI by Naoko NARITA

Copyright ⓒ Naoko NARITA 2023
All rights reserved.
Original Japanese edition published by KODANSHA LTD.
Korean translation rights arranged with KODANSHA LTD. through JM Contents Agency Co.
Korean translation copyright ⓒ Gimm-Young Publishers, Inc. 2025

이 책의 한국어판 저작권은 JM Contents Agency Co.를 통한 저작권사와의 독점 계약으로 김영사에 있습니다. 저작권법에 의해 한국 내에서 보호를 받는 저작물이므로 무단전재와 무단복제를 금합니다.

완벽한 부모가 놓친 것들

1판 1쇄 인쇄 2025. 7. 18.
1판 1쇄 발행 2025. 8. 1.

지은이 나리타 나오코
옮긴이 김찬호

발행인 박강휘
편집 이혜민 | **디자인** 조명이 | **마케팅** 이유리 | **홍보** 이한솔, 이아연
발행처 김영사
등록 1979년 5월 17일(제406-2003-036호)
주소 경기도 파주시 문발로 197(문발동) 우편번호 10881
전화 마케팅부 031)955-3100, 편집부 031)955-3200 | 팩스 031)955-3111

값은 뒤표지에 있습니다.
ISBN 979-11-7332-247-1 03590

홈페이지 www.gimmyoung.com   블로그 blog.naver.com/gybook
인스타그램 instagram.com/gimmyoung   이메일 bestbook@gimmyoung.com

좋은 독자가 좋은 책을 만듭니다.
김영사는 독자 여러분의 의견에 항상 귀 기울이고 있습니다.

아이를 온전하게 성장시키기 위해
필요한 부모의 원칙들

완벽한 부모가
놓친 것들

나리타 나오코

──김찬호 옮김

김영사

들어가며

저는 예전에 야마나카 신야山中伸称 교수와 함께 《야마나카 교수, 동급생 소아 뇌과학자와 자녀 양육을 말하다》(2021)를 펴냈습니다. 야마나카 교수 덕분에 호평받았고, 이후 제가 대표로 있는 '육아 과학 액시스(지바현 나가야마시에 있으며 이후 '액시스'라고 하겠습니다)'에 상담받으러 오는 부모와 자녀도 늘어났습니다.

저에게 야마나카는 노벨상을 받은 과학자라기보다 친절하고 유머러스한 대학 동창입니다. 그래서 책에서 야마나카에게 간사이 사투리로 실례를 범한 탓에 미안한 마음이 들었습니다.

그런 저의 모습이 책을 통해 알려져서인지, 최근 학력이 비교적 높은 부모님들이 상담을 청해 오는 경우가 늘어났습니다. 고학력 부모는 한결같이 무엇에든 열심이죠. 하지만 한번 길을 잃기 시작하면 점점 깊은 고민의 늪에 빠져 옴짝달싹하지 못하는 경향이 있습니다. 예를 들어 이런 말을 하는 부모님이 있었어요.

> 지금도 어머니가 꿈속에 나타나 소리를 지르시면 깜짝 놀라서 깰 때가 있습니다. 문제집을 다 풀었냐 다그치고, 기일에 맞춰 이것을 해놓지 않으면 용서하지 않을 거라고 무섭게 말씀하시거든요. 그러면 지금 이 나이에도 두려움에 사로잡혀요. 나리타 선생님과 이야기를 나누다 보면, 부모에게 받은 교육이 트라우마가 될 수 있음을 새삼 깨닫게 됩니다.

지금 자녀를 양육하는 세대 중 중심은 단카이 주니어(1970~1974년 태생—옮긴이) 세대로, 어린 시절 극심한 수험 경쟁을 치른 이들이 많습니다. 이른바 '교육 마마(자녀 교육에 지나칠 정도로 열심인 어머니—옮긴이)'의 엄격한 훈육을 받아 그 경험이 어른이 되어서도 트라우마로 남아 있죠.

앞에서 언급한 부모님은 자기 어머니같이 자녀를 키워서는 안 된다고 머리로는 알지만, 결국 똑같이 해버리고 있지는 않은지 깊은 고민에 빠져 있었습니다. 자신이 양육받은 대로 양육할 수밖에 없다는 것은 어느 정도 진실입니다. 다른 사람에게 조언을 받지 않으면 그렇게 되어버리는 것도 어쩔 수 없는 일이죠.

그런가 하면 이런 말을 하는 부모도 있습니다. "저는 원하는 대학에 가지 못했습니다. 그래서 아이가 저 대신 그 대학에 가면 좋겠어요."

이것은 '리벤지형 자녀 양육'입니다. 본문에서 자세히 설명하겠지만, 이런 이유로 공부를 강요하면 언젠가 자녀에게서 불만의 부메랑이 되돌아옵니다.

고학력 부모일수록 자녀를 양육하면서 걱정을 많이 하는 것은 무엇 때문일까요? 저는 많은 사례를 접하면서 거기에 몇 가지 이유와 경향이 있음을 알게 되었습니다. 이유와 경향이 있다면, 당연히 대책도 있겠죠. 제가 운영하는 자녀 양육 지원 사업 액시스를 통해 실제로 붕괴 위기에 놓인 여러 가족이 건강한 관계를 회복하고 있습니다.

저의 경험과 식견을 토대로 자녀 양육 때문에 고민하는 고학력 부모님들께 조언해드리기 위해 이 책을 집필하게 되었습니다.

일본 출판사가 제안한 '고학력 부모라는 병'이라는 원제는 지나치게 자극적이어서 처음에는 거부감이 들었습니다. 고학력 부모는 일본의 '학력 편중주의'라는 병에 걸려 있다고 생각할 수 있습니다. 실제 고학력인 부모도, 반대로 자신이 고학력이 아니라는 이유로 보상하듯 학력 편중주의에 빠지는 부모도 마찬가지로 자녀 양육으로 고민하는 경우가 많습니다. 책 제목의 '고학력 부모'라는 말은 양쪽의 의미를 모두 포함한다고 생각해주시기 바랍니다.

외둥이가 늘어나는 시대인 만큼 자녀 양육은 '인생에 단 한 번'의 체험이기에 실수를 돌이킬 수 없으니 전력투구하는 마음을 이해할 수 있습니다. 하지만 그렇다 해서 비좁은 시야로 자녀를 양육하면, 그 여파는 아이에게 미칠 수밖에 없죠. 아이가 균형 감각을 잃으면 가족 모두가 불행해집니다.

고학력 부모일수록 의외로 고독하고 시야가 좁아지기 쉽습니다. 책에서는 이 점을 자세히 다룰 예정입니다. '혼자만으로는 알 수 없는 것이 있다' '세상에는 내가 미처 알지 못한 자녀 양육법이 있다'는 사실을 먼저 이해해주시기 바랍니다. 자신이 받은 교육이 전부가 아닐뿐더러, 그것이 아이에게 최상의 선택이라고 단정할 수 없습니다.

오늘날은 다양성의 시대입니다. 사회가 요구하는 인물상도 시시각각 바뀌어가고 있고요. 그렇기에 어떤 시대나 환경에든 통용되는 '보편적 인간력'이 더욱 절실하게 필요합니다.

이 책에서는 아이가 그것을 체득하는 방법 또한 소개하고자 합니다. 혼자서 고민하지 말고, 이 책을 통해 생각을 넓혀가길 바랍니다.

나리타 나오코

차례

들어가며 ·· 5

1장
고학력 부모가 겪기 쉬운 자녀 양육 리스크

간섭, 모순, 맹목적 사랑이라는 3대 리스크 ······················ 17
고학력 부모는 왜 간섭하는가 ··· 23
'괄호 치기' 하면서 모순에 빠지는 고학력 부모 ················ 26
간섭과 모순의 토대가 되는 맹목적 사랑 ··························· 31
'자란 대로' 키우려고 하는 고학력 부모 ····························· 35

contents

2장
걱정이 지나친 고학력 부모

양육은 걱정을 신뢰로 바꾸는 여정 ·············· 41
반항기가 없다면 위험신호 ·············· 46
자녀를 신뢰할 수 없는 세 가지 이유: ① 완벽주의 ·············· 50
엄마가 싸준 도시락을 쓰레기통에 버리는 우등생 ·············· 54
자녀를 신뢰할 수 없는 세 가지 이유: ② 허영심 ·············· 57
자녀를 신뢰할 수 없는 세 가지 이유: ③ 외로움 ·············· 60
나도 부모에게 신뢰받지 못하는 아이였다 ·············· 64
보이스 피싱에 속아 넘어가는 부모-자녀의 특징 ·············· 68
딸의 목소리로 하는 보이스 피싱이 적은 이유 ·············· 71
좋은 스트레스와 나쁜 스트레스 ·············· 75
그림을 그리지 않게 된 천재 아이 ·············· 77

3장
상처받기 쉬운 고학력 부모와 자녀

엄마의 망령에 시달리는 고학력 부모 ································ 85
고학력을 강요하는 '리벤지형 자녀 양육' ······················· 88
리벤지형은 금세 소진된다 ··· 91
금전 감각이 부족한 고학력 부모 ·· 93
고학력 부모의 자녀는 회복 탄력성이 낮다 ······················ 97

4장
고학력 부모는 '잘못된 조기교육'에 쏠린다

다섯 살 아이에게 사인-코사인을 배우게 하는 고학력 부모 ······· 103
주 여섯 번의 과외를 한 다케시의 사례 ································ 105
뇌에는 자라나는 순서가 있다 ··· 108
공부보다 더 중요한 것이 있다 ·· 111
원시인 같은 아이로 키운다 ·· 114
학교 공부 외의 지식욕이 있는 아이로 키운다 ····················· 118
상대의 마음을 읽을 줄 아는 아이로 키운다 ························ 122
0세 아이에게 말을 걸자 ·· 125
'은둔형 외톨이'는 예방할 수 있다 ·· 128

유럽 유치원에서는 아이를 야산에 풀어놓는다 ····· 131
두뇌를 키워줄 수 있는 부모, 그렇게 하지 못하는 부모 ····· 135

5장
고학력 부모를 위한 자녀 양육 방법

부모로서 의연한 태도로 일관한다 ····· 141
유아에게 스마트폰을 주지 않는다 ····· 146
아이에게 성공담보다 실패담을 들려준다 ····· 151
아이의 치우침·집착을 존중한다 ····· 154
언제나 밝고 기분 좋게 ····· 159
아주 커다란 축을 세운다 ····· 163

나가며 ····· 166
옮긴이의 말 ····· 168

1장

고학력 부모가 겪기 쉬운 자녀 양육 리스크

맹목적 사랑의 문제는 간섭으로 이어지기 쉽다는 점입니다. 계속 간섭하다 보면 그것을 정당화하기 위해 방금 한 말과 예전에 한 말에 모순이 생깁니다. 이렇게 해서 맹목적 사랑을 기반으로 간섭과 모순이 더해집니다. 육아의 3대 리스크는 서로 연관되어 있습니다.

간섭, 모순, 맹목적 사랑이라는 3대 리스크

어느 부모-자녀 행사에 참석했던 날의 일입니다. 목공 체험 코너를 담당하고 있는 여성이 "아이들이 좀 이상해요"라며 주최 측에 호소하더군요. 무슨 일인지 궁금해 고개를 갸웃거리며 이야기를 듣게 되었습니다. 몇 년 전부터 이 행사에 참석해왔다는 여성의 말에 따르면, '4~5년 전부터 아이들이 혼자서 공작을 시작하지 않게 되었다'는 것입니다.

바닥에 깔아놓은 비닐 시트 위에 산처럼 쌓여 있는 여러 모양의 나뭇조각을 자유롭게 골라 본드로 붙여 원하는 대로 만드는 신나는 체험 코너였습니다. 다른 아이들과 함께 자유롭게 놀게 하고 부모님은 멀리서 지켜보는 콘셉트였죠. 아이들은 "와!" 하고 소리를 지르면서 뛰어들어 떠들썩하게 체험을 시작했습니다.

하지만 코너를 담당하는 여성분의 말대로 아이들은 어찌할 바를 몰라 하는 모습을 보였습니다. 그러자 이런 변화에 호응하듯 아이 옆에 딱 달라붙어 떨어지지 않으려는 부모가 눈에 띄게 많아졌습니다. 곧이어 많은 부모들은 어찌할 바 모르는 아이에게 목공 작품을 만들도록 지시했습니다. "자, 거기 튀어나온 모서리에 저기 둥근 나뭇조각 있잖아. 그거 말고, 그 옆에 있는 거. 그래, 그거. 그걸 붙이면 되지 않겠니?" 하는 식으로 끊임없이 지시를 내렸고, 아이들은 순순히 따랐습니다.

예전 같으면 아이가 나뭇조각을 붙이다 보니 어느새 자신의 키를 넘어서는 거대한 작품을 완성해 "가지고 갈 수 없겠네!" 하고 푸념하는 재미있는 일도 있었다고 합니다. "하지만 요즘은 그런 일이 완전히 사라져버렸어요. 전철을 탈 때 부끄럽다든가, 집에 둘 곳이 없다든가 등 어른들은 여러 가지를 생각하죠." 체험 코너를 담당하는 여성은 아쉬워했습니다.

사실 이것은 2016년 이야기입니다. 그 후 아이들이 다시 목공에 주저 없이 뛰어들었다는 이야기는 듣지 못했습니다. 이 여성이나 아이들과 인연을 맺은 지 30년이 넘은 저나 일본 아이들의 모습을 종단적으로 계속 지켜봐왔습니다. 그래서 '아이들이 점점 이상해지는 모습'이 눈에 잘 들어옵니다. 이에 대해 현재 육아를 하고 있는 부모들은 자기 자녀와 같은 연령대의 아이들밖에 볼 수 없습니다. 즉 시각이 횡단적이기 때문에 '다들 그렇겠지' 하고 마는 것입니다.

그 여성이 6년 전에 '아이들 스스로 공작을 하지 않게 된 것은 4~5년 전'이라고 지적했으니, 적어도 10년 전부터는 확실히 변화하고 있었던 셈입니다. '무서운 일이다, 매우 경계해야 한다, 뭔가 조치를 취하지 않으면 안 된다'고 생각했을 때, 바꾸어야 할 대상은 역시 어른, 즉 부모라는 결론에 이르렀습니다.

어른이 지켜보는 가운데 자유롭게 수영하게 되면 아이는 처음으로 스스로 생각하고 행동할 수 있게 됩니다. 그 결과 때로는 실패해서 혼나고, 겁을 먹고, 부끄러워합니다. 이런 경험이 기억에 남아 '예전에 이렇게 해서 실패했으니 이번에는 이렇게 해야지' 하고 행동을 수정할 수 있습니다. 시행착오를 반복하면서 성장하고, 억제력도 키워지는 것입니다.

그런데 많은 부모가 아이를 자유롭게 수영시키지 못합니다. 사실 아이에게 스스로 생각하는 힘, 문제 해결 능력이나 주체성을 심어주지 못하거나 빼앗고 있는 것은 아닐까요? 그런 의문을 계속 품어온 저는 그 후 부모들의 내면에 숨은 문제를 알아낼 수 있었습니다.

부모-자녀 행사를 방문한 이듬해인 2017년의 일입니다.

"우아, 역시 멋지게 움푹 파여 있네!" 연구 결과를 담은 그래프를 본 저는 무심결에 소리를 질렀습니다. 제가 근무하는 분쿄대학 교육학부 학생 두 명이 부모의 양육 태도에 대해 '부모의 자기평가'와 '부모에 대한 자녀의 객관적 평가'라는 두 가지 각도에서 조사를 시작했습니다. 다섯 개 영역, 10가지 항목으로 구성된 심리검사 〈TK식 진단적 신新부모-자녀 관계 검사〉의 첫 번째 결과에 눈이 번쩍 뜨였습니다.

- 부모가 자녀를 거부하는 태도인 불만, 비난
- 부모가 자녀에게 지배적인 엄격함, 기대
- 부모가 자녀를 지나치게 보살펴 과보호 상태가 되는 간섭, 걱정
- 부모가 자녀에게 복종하는 듯한 태도를 보이는 맹목적 사랑, 순종
- 부모가 자녀에게 한 말과 실제 행동이 다른 모순, 불일치

다음 십자형 그래프는 검사의 평균값을 나타낸 것입니다. 점수가 낮을수록 자녀 양육에 문제가 있다는 의미입니다. 50퍼센타일(통계의 대표값을 의미) 이상은 안전 영역으로, 그 사람의 양육 방식은 괜찮은 수준입니다. 20~50퍼센타일은 중

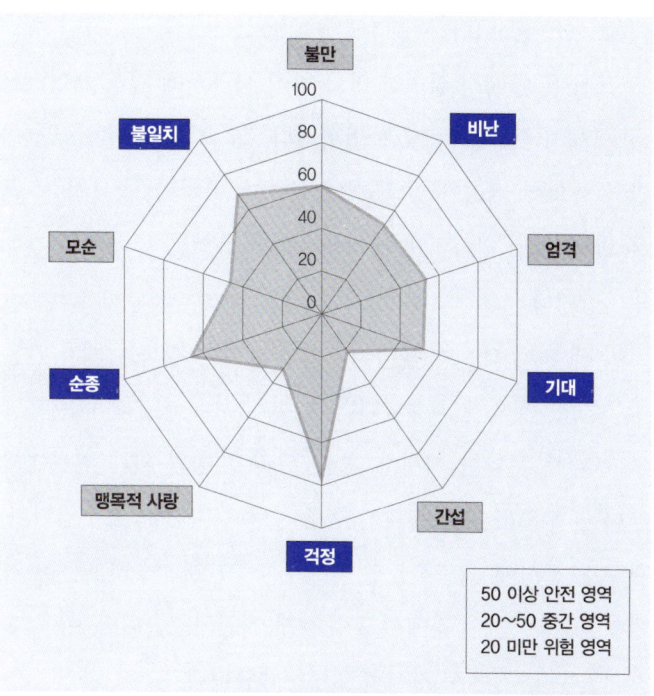

2017년 TK식 진단적 신부모-자녀 관계 검사의 평균치

간 영역, 20퍼센타일 미만은 위험 영역으로 양육에 대한 검토가 필요합니다.

자세히 보면 '간섭-모순-맹목적 사랑', 세 영역이 푹 꺼진 것을 알 수 있습니다. 검사에 참여한 부모와 자녀는 여섯 그룹으로 수는 적지만, 세 가지 양육 태도가 매우 낮아 위험 영역에 가까웠습니다.

'간섭'은 앞에서 설명한 바와 같이 지나치게 깊이 개입하거나 세세히 돌봐주는 것을 말합니다. '모순'은 아이가 부모의 말과 행동에 괴리가 있다고 느끼는 것, 마지막 '맹목적 사랑'은 말 그대로 지나치게 애지중지하고 응석을 받아주는 것을 의미합니다.

이 세 가지 태도가 육아의 3대 문제라는 결과는 제가 그동안 느꼈던 것과 일치했습니다. 이번 조사에 협조해주신 부모와 자녀를 포함한 액시스 회원, 그리고 병원 외래 진료에서 만나는 부모와 자녀에게서 공통적으로 발견한 요소입니다. 참고로 조사에 협조해주신 부모님과 자녀는 우리 액시스가 관여한 후 모든 부분에서 훌륭하게 개선되었습니다. 이에 대해서는 다음 장에서 자세히 설명하겠습니다.

목공 작업을 할 때 "저기, 저 튀어나온 모서리에 붙여"라고 지시했던 어머니도 마찬가지입니다. 아이로 하여금 자유롭게 놀게 하고 지켜보는 것이 목적인 이벤트에 참여했는데도 간섭하는 모습을 볼 수 있습니다. 자녀에 대한 부모의 사랑은 매우 깊습니다. 다만 애정의 방향이나 표현 방법이 잘못되면 문제가 됩니다.

고학력 부모는
왜 간섭하는가

간섭-모순-맹목적 사랑이라는 세 가지 위험한 육아의 실례를 살펴보겠습니다.

병원 외래 진료에서 부모와 아이를 만나보면, 아이에게 던진 질문에 부모가 끼어드는 경우가 적지 않습니다. 제가 "밤에는 몇 시에 자니?"라고 물으면, 부모가 먼저 "밤 12시에 자요"라고 대답합니다. 그래서 "저는 이 아이에게 묻고 있어요" 하며 아이가 스스로 말할 수 있게 두도록 부탁해도 "아뇨, 아뇨, 제가 더 잘 아니까요"라며 막무가내인 경우가 많습니다.

개인적인 이야기지만, 저는 딸을 혼자 키웠습니다. 공부는 본인이 즐기며 하는 것이라고 생각하기 때문에 가정생활에 포함시키지 않았습니다. 물론 아이가 도움을 받고 싶어 하면 지원은 하지만, 스스로 할 수 있는 범위의 일은 직접 하도록 놔두었죠. 응시료는 지불하지만, 원서 같은 것은 직접 구하고, 작성하고, 추천서를 받는 등의 절차도 모두 스스로 하라고 했습니다.

정말 혼란스러웠습니다. 딸이 원서를 낸 모든 대학에서 '서류에 문제가 있다'는 전화가 걸려왔습니다. 사진을 잘못 붙이고, 내용에 오탈자 등이 있었기 때문입니다. 작성한 원서는 그대로 되돌아왔습니다. 딸은 필사적으로 대응하고 다시 작성해서 세 번 정도 보냈는데, 공부가 아주 많이 되었으리라고 생각합니다. 덕분에 재수하면서 원서를 제출했을 때는 하나도 되돌아오지 않았습니다.

그런데 대학 입시를 치를 때 제출해야 하는 입학원서를 모두 어머니가 작성한다는 분의 이야기를 들었습니다. 취업 활동 시 기업에 보내는 이력서와 자기소개서를 자녀 대신 작성하는 부모도 많습니다. 제가 근무하는 대학에서 직접 경험했기 때문에 단언할 수 있습니다. 부모님이 자녀 대신 대학 수강 신청을 모두 해주는 경우도 있습니다. 그 밖에도 "제가 우리 아이 정신보건복지사 시험 원서를 작성해줬어요. 봉투까지 붙여주고 가져가게 했는데, 정말 우체통에 넣었는지 확인해주세요"라고 전화를 걸어오는 부모도 있었습니다.

이처럼 과잉 간섭, 과잉보호하는 부모는 자녀의 자립을 방해합니다. 그 결과 아이는 부모의 관리, 통제에서 벗어난 곳에서 타인에게 폐를 끼치거나 문제를 일으키기도 합니다.

예를 들어 이런 부모와 자녀가 있었습니다. 풀타임 은행원으로 일하는 마스미 씨는 숙제를 하지 않으려는 초등학교 3학년 아들이 신경 쓰여 안절부절못합니다.

"말을 걸지 않으면 멍하니 앉아 아무리 시간이 지나도 숙제를 하지 않아요. '숙제는?' 하고 물어보면 책상에 앉기는 하지만 또 멍하니 앉아 있습니다. 그래서 퇴근하고 피곤한 몸을 이끌고 아들 옆에 앉아서 하나하나 문제를 풀게 해요. 공부를 못하는 아이는 아니지만, 어쨌든 숙제를 안 하니까 점점 목소리를 높이게 돼요. 아침에는 저도 출근 준비로 서둘러야 하는데도 아이가 책가방 앞에 멍하니 있으니 결국 화를 내면서 그날 필요한 교과서와 노트를 챙겨 넣고 연필을 깎고…. 저, 정말 지쳤어요."

마스미 씨가 액시스에 상담하러 왔을 때 "아닙니다. 숙제도, 학교 준비물을 챙기는 일도 아이 자신이 답답해하지 않는 한 스스로 하지 않으니 어머님은 가만히 있어도 돼요. 그보다는 어머님의 피로를 가능한 한 잘 풀어주세요"라고 조언했습니다.

"그럴게요!"라며 고개를 끄덕이고 돌아가지만, 그 후 세 달에 한 번 정도 똑같은 상담을 반복하고 있습니다. 몇 번이나 같은 조언을 해도 역시 아들의 '못함'이 신경 쓰인다는 것입니다. 제 조언을 떠올리기는 하지만, 결국 참지 못하고 개입하게 된다고 했습니다. 아들은 초등학교 6학년이 되었는데, 엄마의 지나친 손길에 짜증을 내며 가끔 강한 어조로 말대꾸하거나 엄마에게 물건을 던지기도 한답니다. 게다가 아직까지도 학교 준비물을 스스로 챙기지 못하는 것 같습니다.

오늘도 마스미 씨는 "왜 제 생각대로 커주지 않는 걸까요. 제가 이렇게 신경을 많이 쓰는데…"라며 한탄합니다.

'괄호 치기' 하면서 모순에 빠지는 고학력 부모

경쟁률이 꽤 높은 사립 중학교에 입학한 열두 살 여학생이 등교를 하지 못하게 되었습니다. 학교에 갈 준비를 시작하자마자 두통과 메스꺼움을 느꼈기 때문입니다. 이 학생은 기립성 조절 장애 진단을 받았습니다. 그런데 이런 위기에도 어머니 메구미 씨는 웃음을 잃지 않았습니다.

"저는 딸의 건강이 좋아지기만 하면 돼요. 학교에 가지 않아도 괜찮아요. 학교를 그만두어도 괜찮다고 생각해요."

하지만 그렇게 말하면서도 "이 아이는 영어를 잘 못해서, 영어가 뒤떨어지면 곤란해요. 그래서 제가 영어 수업이 있는 날에만 차로 학교에 데려다주고 있어요"라고 했습니다. 메구미 씨는 아이가 학교에 다니는 데 집착하는 것이 분명했지만,

고학력 부모는 자신의 야망을 노골적으로 드러내는 것을 좋아하지 않습니다.

어느 날 학교에서 체육대회가 있었습니다. 그 무렵 이 여학생은 생활 습관이 개선되면서 지각할지언정 스스로 등교하는 날이 많았습니다. 덕분에 자신감이 생긴 듯 "체육대회에 꼭 나가고 싶어요. 당일까지 몸을 제대로 회복해서 그날 갈 수 있으면 내 의지로 학교에 갈래요"라고 의욕적으로 말했습니다.

그러나 메구미 씨는 "체육대회에 나갔다가 또 쓰러져서 학교에 못 가게 되지는 않을까요? 주변 아이들에게도 폐를 끼칠 테니, 제가 선생님께 부탁해서 쉬게 하는 편이 좋을까요?"라고 말하더군요.

그래서 메구미 씨를 설득했어요. "본인이 가고 싶다면서 그때까지 어떻게든 몸을 관리해보겠다고 했죠? 그러니 어머님은 그 말을 믿으면 됩니다. 만약 기분이 안 좋아지면 친구에게 '나 컨디션이 좀 안 좋아서 쉬어야겠어'라고 말하면 됩니다. 스스로 결정한 일이라면 설령 실패하더라도 그 후에는 스스로 다시 일어설 수 있습니다."

그렇게 말하니 메구미 씨는 "그렇군요"라고 수긍했습니다.

부모는 불안하기 때문에 아이에게 간섭합니다. 불안의 근원은 사람에 따라 다르지만, 일반적으로 '다른 아이, 모든 사람과 같았으면 좋겠다'는 숨은 욕망에서 비롯됩니다. 좀 더 높은 곳을 목표로 하는 사람에게는 '남들보다 더 잘하고 싶다'는 마음이 있죠. 목표는 높은 학력이든, 더 좋은 직업이든, 혹은 스포츠 관련 전국 대회에 나가 우승하는 것이든 좋은 성과를 얻는 것입니다. 다른 아이들보다 내 자녀가 더 잘했으면 좋겠다는 허영심이 두드러지는 것이죠.

고학력 부모는 허영심 가득한 본심을 노골적으로 드러내지 않습니다. 메구미 씨도 자주 "보통 정도로 해주면 충분합니다"라고 말하곤 했습니다.

매우 스마트해 보이지만, 사실 고학력 부모는 야심가처럼 느껴집니다. 하지만 그 야망을 드러내는 걸 세간에서 '선호하지 않는다'는 것을 마음속으로 알고 있습니다. 그래서 야망을 숨기죠. 노골적으로 속마음을 드러내면 자신의 평판이 나빠진다는 것을 알기 때문입니다.

혹은 반에서 우등생이었거나, 명문대를 졸업했거나, 유명 기업에 근무하는 사람에게는 야망은 당연하고 일상적인 것일지도 모릅니다. 그런 자신의 경력과 자녀의 현실이 너무 다르면 매우 불안해합니다. 자신이 생각하는 '보통'에 도달하지 못하면 순식간에 조바심이 나기 시작합니다.

메구미 씨처럼 자녀로 하여금 중학교 입시에 지원하게 하는 부모는 고학력인 경우가 많습니다. 그런 분의 자녀 중에는 어렵게 입학한 중학교에 적응하지 못하는 경우가 적지 않아요. 지각이나 무단결석을 포함한 결석이 잦아지면 선생님에게 "아이가 우리 학교와 잘 맞지 않는 것 아닙니까?"라는 말을 듣게 됩니다. 학교에 가지 못하는 이유는 친구들과 잘 어울리지 못해서, 공부를 따라가지 못해서, 학교와 맞지 않아서 등 다양합니다.

"공립 중학교(혹은 고등학교)도 괜찮다고 생각했는데, 우연히 사립 학교에 합격해서 다니고 있어요"라고 말하길래 "그렇다면 지역의 공립 중학교에 다니게 하면 어떨까요" "지역에 공립 고등학교도 있어요"라고 조언하면, 부모들은 입을 모아 말합니다. "어느 학교든 괜찮아요."

그런데 막상 구체적으로 전학 이야기가 나오면 강하게 저항합니다. "어렵게 중고일관교(중학교에 입학하면 자동으로 고등학교로 진학할 수 있는 통합 학교—옮긴이)에 입학시켰으니 적어도 고등학교 입시는 경험하게 하고 싶지 않아요"라며 공립 고등학교에 진학하는 것을 은연중에 꺼립니다. 어떻게든 아이가 계속 다니면 좋겠다는, 합격한 학교에 매달리는 본심이 드러나는 것입니다.

이렇게 본심과 겉모습이 완전히 다르다는 것을 스스로는 깨닫지 못합니다. 그래서 "힘들게 입학한 중학교니까 그대로 고등학교에 갈 수 있을 거라고 생각했지만, 공립 중학교로 전학해도 괜찮겠지"라고 본심을 말하게 됩니다.

아이 앞에서도 모순된 발언을 하면서 일관성이 없다는 것을 깨닫습니다. 이는 '더블 바인드(이중 구속)'라고 하며, 상반된 가치관을 보여주어 아이들을 더욱 불안정하게 합니다.

면담해보면, 자녀는 출석 상황을 걱정하거나 고등학교에 진학하지 못할까 봐 매우 두려워합니다. 엄마나 아빠가 시키는 대로, 즉 간섭받으며 살아왔기 때문입니다. 부모님의 표정이나 행동, 말의 이면에 담긴 진심을 '엄마는 통합 고등학교에 가기를 바라고 있는 것이 틀림없다'라고 읽어냅니다.

저나 액시스를 믿고 의지하는 어머니들도 파고들어보면 속마음이 드러납니다. 그래서 조금씩 이야기를 들어보는데, 아버지의 존재가 잘 보이지 않거나 아버지와 육아에 대한 의견이 일치하지 않습니다. 다시 말해 아버지의 존재가 매우 미묘하다는 것이 특징이죠.

이에 반해 어느 정도 존중받고 선택권을 부여받은 아이는 "엄마(아빠)는 모순덩어리야!"라고 화를 냅니다. 그렇게 해서 부모에게 깨달음과 배움의 기회를 주며, 자기 의사를 표시하고 반항하고 학교를 그만둘 수 있는 아이는 저와 상담하러 오지 않습니다.

간섭과 모순의 토대가 되는 맹목적 사랑

'자기 자식만 바라본다' '지나치게 애정을 쏟는다'라는 것이 과잉 애정의 특징입니다. 이런 부모는 자기 아이에게 좋을 것이라고 생각하며 행동합니다. 특히 고학력 부모는 경제적으로 여유 있는 사람이 많기 때문에 '좋을 것이라는 생각'이 생깁니다. 한편 과잉 애정과 구분하기 어렵지만, 간섭 없이 넘치는 애정이 담긴 '끄덕끄덕하는 태도'는 결코 부정적인 것이 아니라고 생각합니다.

맹목적 사랑의 문제는 간섭으로 이어지기 쉽다는 점입니다. 그리고 계속 간섭하다 보면 그것을 정당화하기 위해 방금 한 말과 예전에 한 말에 모순이 생깁니다. 이렇게 해서 맹목적 사랑을 기반으로 간섭과 모순이 더해집니다. 즉 육아의 3대 리스크는 서로 연관되어 있습니다.

고학력 부모가 자녀를 과잉 사랑할 때 나타나는 특징은 '총

명하게 앞질러 가는 것'이라고 생각합니다. 이들은 지식이 있고 명석하기 때문에 자녀를 보고 있으면 '이대로 가다가는 반드시 실패할 거야'라고 가까운 미래에 일어날 일을 어느 정도 예측할 수 있습니다. 그 '예지력'이 너무 뛰어나기에, 결코 넘어지지 않을 지팡이를 준비하게 됩니다.

한 어머니는 오랜 불임 치료 끝에 딸을 낳았습니다. 30대 후반의 노산이었죠. 이 때문에 '눈에 넣어도 아프지 않다'며 딸을 매우 예뻐했습니다. 인상적인 것은 "어렵게 얻은 소중한 아이인 만큼 제가 경험한 행복을 하나도 빠짐없이 경험하게 해주고 싶어요"라는 말이었습니다. 그래서 딸에게 자신이 받았던 피아노 교습, 중학교 입시를 위한 학원 수업 등을 모두 시켰습니다.

그러나 딸은 부모의 기대만큼 초등학교에서 좋은 성적을 얻지 못했습니다. 충격을 받은 어머니는 딸이 초등학교 3학년이 되자 밤 10~11시까지 학원에 다니게 했습니다. 부부가 모두 풀타임 근무로 바빴는데도 번갈아가며 학원에 데려다주었습니다.

"조금 과한 것 아닌가요?"라고 말했지만, "학력을 제대로 쌓지 않으면 행복할 수 없어요. 이대로는 불행해지겠죠"라는 것이 어머니의 지론이었습니다. '학력이 낮은 사람은 불행하다'는 논리죠. 본인은 깨닫지 못했지만, 그녀에게서 강한 차별 의식을 느꼈습니다.

이렇게 자녀에 대한 맹목적 사랑 때문에 앞서서 행동하는 것은 다른 고학력 부모에게서도 볼 수 있는 특징입니다. 초등학교에서 고학력 어머니가 '우리 아이가 불리한 입장에 놓이게 될 것'이라고 여기면 담임선생님에게 참견한다는 이야기를 듣습니다. 예를 들어 운동회에서 고학년은 단체 체조를 합니다. 그러면 아이와 짝을 이루는 반 친구에 대해 '저 아이는 불평불만이 많으니까 다른 아이와 짝을 지어달라'고 선생님에게 부탁합니다.

선생님은 '그런 일에 참견하지 말아달라'고 하지만, 의사나 변호사, 대기업 직원 등 엘리트라고 불리는 부모라면 포기하지 못합니다. 말을 잘하는 부모이기 때문에 그들의 요구를 거절했는데 혹시라도 문제가 생기면 '그럴 줄 알았다'라면서 클레임을 걸 것이라고 예상할 수 있죠.

결국 학부모 의견을 고려해 짝을 바꿔주면, 아이들은 동요합니다. 부모가 간섭한 것을 눈치챈 자녀에게 원망을 사기도 하죠. 가장 상처받고 기분 나빠 하는 대상은 다름 아닌 아이들인 것입니다.

그 밖에도 '욕먹었으니 반을 바꿔달라' '○○와 6년간 절대 같은 반이 되지 않았으면 좋겠다'는 등 매우 비합리적인 요구를 합니다. 그 동기는 자신의 아이가 '어쨌든 행복하게 지냈으면 좋겠다'는 한 가지로 귀결됩니다.

이번에도 선생님은 "그건 공평하지 않으니 안 돼요"라고 말하고 싶지만, 귀찮은 일을 피하려고 따르게 됩니다. 부모 입장에서는 악의가 없고, 다른 아이에게 불이익을 줄 생각도 없습니다. 애정이 지나쳐 자신도 모르게 괴물 부모로 변해가고 있지만, 본인은 기지를 발휘해 문제를 해결했다고 안도할지 모릅니다.

이렇듯 고학력 부모가 맹목적 사랑에 빠지게 되는 요인 가운데 하나는 노산입니다. 대학과 대학원을 졸업하고 경력을 쌓은 이들은 늦게 결혼하는 경향이 있죠. 다른 친구들이 먼저 결혼해 자녀를 낳고 훌륭하게 잘 키우는 모습을 보면 매우 행복한 듯하고 반짝반짝 빛이 납니다. 성공 사례가 있으면 후발 주자로서는 힘이 듭니다. 뒤늦게 쫓아가면서 이대로 자기가 아무것도 하지 않으면 아이가 낙오할 것 같아 조바심이 납니다. 본인의 의도와는 상관없이 맹목적 사랑으로 리스크 있는 육아의 출발점에 서게 되는 것이죠.

'자란 대로' 키우려고 하는 고학력 부모

그렇다면 간섭-모순-맹목적 사랑의 3대 리스크를 안고 있는 부모는 어떤 부모일까요?

어느 지자체의 지원 기관에서 야스코 씨라는 여성을 만났습니다. 그녀는 회사원으로 고위직에 올라 화려한 경력을 쌓고 있었습니다. 남편도 일류 기업에서 근무했습니다. 사립 중학교에 다니는 큰딸과 사립 초등학교에 다니는 작은딸을 키우는, 동화 속 주인공 같은 고학력 부부였습니다.

그런데 중학교에 다니는 큰딸의 폭력 문제 때문에 고민하고 있었습니다. 마음에 들지 않으면 폭력을 휘두르기 때문에 야스코 씨도 딸에게 두 손 들어버렸다고 했습니다.

가장 충격적인 사건은 큰딸이 자기 동생의 교복을 가위로 자른 것이었습니다. 잘려나간 치마와 블라우스, 울부짖는 둘째 딸을 본 야스코 씨는 격한 분노에 휩싸여 큰딸에게 폭력을 휘두르고 말았습니다.

사실 야스코 씨에게도 여동생이 있었고, 어머니와 깊은 불화가 있었습니다. 어머니는 큰딸인 야스코 씨에게는 필요 이상으로 엄격한 태도를 취한 반면, 여동생에게는 대놓고 편들어주었습니다. 감정 기복이 심한 어머니의 화풀이는 야스코 씨에게 향했습니다. 어머니의 기분을 상하게 하지 않으려 조심하는 큰딸에 반해 여동생은 무슨 일을 해도 허용되었습니다. 야스코 씨는 어머니의 애정을 느끼지 못하고 힘든 시간을 보냈습니다.

"너무 힘들었어요. 그래서 저는 줄곧 올바로 육아해야겠다는 생각을 했어요. 어머니가 저와 제 동생을 양육한 방식대로 아이를 키우면 안 된다고 여겼어요. 저는 제대로 된 육아를 해야겠다고 다짐했죠."

친정어머니를 반면교사로 삼았을 텐데, 결국 그녀는 어머니와 똑같은 육아를 하고 있었던 것은 아닐까요. 잘려서 천 더미가 된 교복이 마치 야스코 씨의 양육 방식을 모두 부정하는 것 같았습니다.

하지만 야스코 씨는 특이한 엄마가 아닙니다. 많은 어머니, 아버지가 한 번쯤은 '내 부모님은 아이를 때리는 사람이었으니 나는 때리지 말아야지' '부모님이 내 말을 들어주지 않았으니 나는 귀 기울이는 부모가 될 거야'라고 다짐합니다. 하지만 자신이 경험한 패턴만 알기 때문에, 결국 양육받은 대로 아이를 키우게 됩니다. 부모가 양육하는 방식에 의문을 품고 있는데도 무의식적으로 부모를 따라 하게 되는 것이죠.

야스코 씨와 이야기를 나누다 보면 '나는 못난 사람이야'라는 생각, 즉 자기 긍정감이 낮고 콤플렉스가 있다는 걸 알 수 있었습니다. 고학력에 사회적 지위가 높은데도 자신을 인정하지 않는 어머니의 굴레에서 벗어나지 못한 것입니다. 늘 불안이 따라다니기 때문에 감정이 쉽게 흐트러지는 경향이 있었습니다.

남편분이 저와 면담하러 온 적은 딱 한 번뿐이었습니다. 아내의 성화에 떠밀려 마지못해 온 듯했습니다. 그분은 험상궂은 표정으로 자신의 주장을 늘어놓았습니다. "직업은 관리직입니다. 저는 제 나름의 방침에 따라 인간관계, 즉 사람과의 교류를 매우 중요하게 생각해왔습니다. 딸은 제가 만들어놓은 인간관계의 규칙과 정반대로 행동하고 있어요."

이렇게 말하면서 결론적으로 딸이 얼마나 잘못하고 있고 자신이 옳은지 이야기했습니다. "딸이 어렸을 때부터 제가 올바르다고 생각하는 것을 알려주거나 주의를 주었을 뿐인데, 딸은 반항하고, 아내는 학대에 가깝다며 그만두라고 꾸짖었습니다. 절대 인정할 수 없습니다. 둘째는 제 말을 잘 듣고 그대로 행동하고, 학교에서도 잘 지내고 있습니다. 그런데 왜 그 아이만 용납해야 하는지 도저히 이해할 수 없어요. 그래서 더 이상 큰딸을 받아들일 생각이 없습니다."

마지막으로 한 말이 충격적이었죠. "이런 아이가 태어날 줄 알았다면 아내와 결혼하지 않았을 거예요." 자신의 가치관을 절대적으로 고수하는 사람이죠. 자신과 다른 의견에 대해 매우 완고했습니다.

그 외에도 부모님이 자신을 스파르타식으로 키웠지만, 그 교육 방식 덕분에 여기까지 왔다는 '생존자 편견'을 지닌 분도 있었습니다. 생존한, 즉 어떤 고통을 이겨낸 자신의 경험만을 기준으로 판단하는 것입니다. 살아남지 못한 사람의 마음을 헤아릴 수 없기 때문에 자녀를 엄격하게 대하는 경우가 많습니다. 이 점은 우수한 고학력 아버지에게서 볼 수 있는 특징 중 하나죠.

자, 여기까지 읽고 나서 자신의 양육 방식을 부정당했다고 느낄 수 있습니다. 하지만 저는 부모의 불안을 부추기려는 것이 아니라 '올바른 지식을 가지고 임하면 언제든 양육을 다시 시작할 수 있고, 아이는 잘 자라날 수 있다'는 점을 말하고 싶습니다.

다음 장부터 그에 대한 내용을 알려드리겠습니다.

2장

걱정이 지나친 고학력 부모

완벽주의적인 부모는 감수성이 예민하고 불안을 쉽게 감지하죠. 그 때문에 미리 부정적인 일을 피하기 위해 눈앞에 닥친 일에 온 힘을 기울입니다. 이때 맹목적 사랑이 강한 영향력을 발휘합니다. 그런 모습이 아이에게는 '걱정만 하고 나를 믿어주지 않는다'는 메시지로 전달됩니다.

양육은 걱정을
신뢰로 바꾸는 여정

제가 아동을 대상으로 한 정신 질환 외래 진료를 시작한 것은 1998년입니다. 그때부터 지금까지 '불안'을 제 안의 키워드로 삼았습니다. 그 전부터 불안을 해소하는 호르몬인 세로토닌을 전문으로 연구했기 때문에 '불안한 부모는 어떻게 육아하는가'라는 질문 아래 부모에게도 관심을 기울였습니다. 주의 깊게 관찰한 결과 부모들은 모두 앞서 걱정하고 과도하게 참견하고 있었습니다. 미리 걱정하는 것은 아이를 신뢰하지 않기 때문이죠.

때마침 1999년에 딸을 낳은 저는 아기를 키우는 과정에서 부모의 불안감을 몸소 느끼게 되었습니다. 아기의 몸은 만지면 깨질 것 같을 정도로 작았습니다. 숨을 쉬는지 안 쉬는지 청진기를 대야 하나 싶을 정도로 조마조마했어요. 그 때문에 걱정으로 가득 찬 하루하루를 보냈습니다.

부모인 제가 아이와 함께할 때 드는 마음은 100퍼센트 걱정이었습니다. 제게 딸의 존재는 걱정 그 자체였던 것이죠. 처음에는 육아가 불안한 게 당연하다는 것을 실감했습니다.

그런데 아이가 세 살 정도 되면 말하고 스스로 걷게 됩니다. 밥도 혼자 먹고, 배설도 알아서 합니다. 안아달라고, 졸리다고 신호도 보내옵니다. 그런 욕구를 충족시켜주면 한순간뿐이지만 아이 얼굴에 미소를 되찾아줄 수 있죠. 그렇습니다. 몇 개월이 지나면 몸은 커지고 얼굴도 변하기 때문에 유효기간이 정해져 있지만, 부모만 맛볼 수 있는 미소입니다.

그 무렵부터 엄마가 따로 떨어져 여기저기에서 아기에게 "상자에서 귤 좀 가져다줄래"라고 부탁하면 가져다줍니다. 잘했다고 칭찬하면 뿌듯한 표정을 짓습니다. 이를 통해 부모도 약간의 신뢰가 생겼다고 느낄 수 있습니다.

그러다 보면, 아이가 스스로 옷을 갈아입을 수 있습니다. 양치질도 할 수 있고, 다른 사람에게 약간의 도움도 줄 수 있죠. 그런 모습을 보일 때마다 부모는 이 아이는 스스로 할 수 있구나, 맡길 수 있구나 하는 신뢰가 높아져갑니다. 이 시점에서 15퍼센트 정도의 신뢰가 생깁니다. 그러면 걱정은 85퍼센트 정도로 줄어들죠. 이때 저는 이렇게 생각했습니다(도표

'걱정에서 신뢰로' 3세 부분 참조). '아, 신뢰가 커진다는 것은 내 불안이 줄어드는 것이구나.' 그것은 확신에 가까웠습니다.

또 외래 환자나 액시스 회원의 육아 경험을 공유하면서 제가 딸에게 거리낌 없이 시키고 있는 것을 어머니들이 전혀 시키지 않는다는 사실을 깨달았습니다. 저를 찾아오는 부모들 중에는 고학력자가 많은데, 저 자신도 대학교수고 의사라 고학력자라고 불리는 부류이기 때문에 그 모습을 이해할 수 있었어요.

예를 들어 대부분 초등학교 3~4학년 정도 되어도 집 열쇠를 맡기지 못합니다. 저는 저학년이라도 시도해보면 좋겠다고 생각하지만, 맡기지 못하는 이유를 물으면 "잃어버리면 곤란하지 않습니까?"라고 말합니다. 그럼 제 의견을 말합니다. "아니죠. 잃어버릴지도 모르지만, 잃어버리면 본인이 '내가 깜빡했구나. 다음부터는 조심해야지'라고 생각해서 다시 잃어버리지 않게 되면 자신감이 생기고, 부모와 자식 간에 신뢰도 쌓이지 않을까요?"

제가 아무리 설득해도 어머니는 "그렇지 않아요. 아이가 반드시 잃어버릴 것 같아요. 그렇게 되면 우리 집에 도둑이 들어와서 큰일 나요"라며 고집을 부립니다. 난도를 조금 낮춰 "전철을 같이 탈 때는 아이가 표를 가지고 타도록 해보시죠"

라고 신뢰를 쌓는 방법을 제안했지만, 역시 "잃어버리면 곤란해요"라고 합창하더군요.

연이은 거절에도 아랑곳하지 않고 '용돈제를 꼭 도입하자'고 제안했습니다. 자녀가 스스로 돈을 관리할 수 있으면 부모가 자녀를 신뢰할 수 있기 때문입니다. 그러자 "한꺼번에 주면 다 써버리지 않을까요?"라고 반문했습니다. 처음부터 자녀를 믿지 않을 뿐만 아니라, 지나치게 걱정하는 감정을 가지고 양육에 관련된 모든 것을 처리하고 있었습니다. "의심스러운 사람과 마주치면 어떻게 하죠? 열쇠를 잃어버려 집에 들어가지 못하면요?" 상상만 해도 불안이 밀려옵니다.

그 불안한 감정은 그대로 간섭-모순-맹목적 사랑이라는 육아의 3대 리스크로 이어집니다. 즉 자녀의 자립과 성장을 가로막는데, 앞에서 언급한 여러 부모님의 육아는 그런 위험으로 가득 차 있습니다. 통찰력 깊은 고학력 부모는 자신의 힘으로 자녀가 실패할 리스크를 피하기 위해 열심히 노력합니다. 온갖 걱정에 사로잡혀 자녀를 신뢰하지 못합니다. 자신의 육아를 돌아볼 여유도, 그럴 기회도 없었기 때문에 신뢰 관계를 맺는다는 발상 자체가 없습니다.

당연히 저에게도 육아에 관련해 내적 갈등이 있었습니다. 걱정스러운 마음에 짓눌릴 것 같으면서도, 열심히 해야 한다

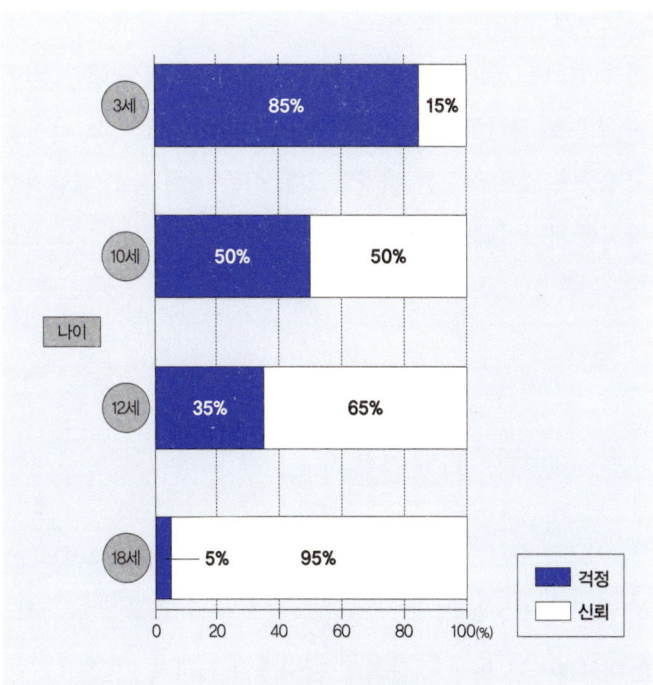

걱정에서 신뢰로

는 생각으로 버텨왔습니다. 걱정이 더 많은 시기에도 너무 지나치지 않게 손을 내밀려고 했습니다. 아이들 숙제를 대신 해주거나 가방을 정리해주거나 하지 않았습니다. 딸아이가 물건 챙기는 것을 깜빡하는 일이 잦았지만, 저도 그랬기 때문에 "엄마를 닮았구나"라고만 말하고 간섭하지 않았습니다.

그렇게 최선을 기울여 신뢰를 쌓아가다 보니 '아, 우리 아이는 열쇠를 잃어버린 적이 없구나'라고 깨달았습니다. 아이는 스스로 생각하고 행동하는 힘을 지니고 있었어요. 육아는 걱정을 신뢰로 바꾸는 여정입니다. 이는 제가 몸소 체험하고 확신한 사실입니다.

반항기가 없다면 위험신호

그러나 부모가 자녀를 신뢰하지 못하는 것이 비단 부모만의 문제는 아닙니다. 부모와 자녀가 살아가는 현대사회에는 학교도 사회도 실수를 용서하지 않습니다. 본인 책임이라고 여기죠. 실패하거나 장애물에 걸려 넘어지면 다시 시작할 수 없어요. 그런 사회에서 살아가면서 느끼는 압박감이 배경에 있습니다. 부모와 자녀는 그런 분위기 속에서 살아가니 불안으로 가득 차죠.

그렇다고 해서 아직 두뇌가 완전히 자라지 않은 아이들을 공부와 학원, 스포츠에 몰아넣어서는 안 됩니다. 걱정과 신뢰 모두 50 대 50이 되는 초등학교 4학년(도표 '걱정에서 신뢰로'

10세 부분 참조)을 기점으로 육아를 한번 되돌아보았으면 합니다. 걱정만 많고 신뢰하지 못하는 고학력 부모가 간섭-모순-맹목적 사랑을 계속하면 나중에 뼈아픈 부메랑이 되어 돌아올 가능성이 높아집니다. 이른바 눈에 보이지 않는 '초등 4학년'입니다. 이 시기가 하나의 갈림길이 됩니다.

5~6학년은 초등학교 고학년이 되어 선생님들에게 '오빠-언니' 혹은 '형-누나'로 대우받습니다. 학생회나 위원회, 운동회 등 교내 행사에서 리더십을 발휘하는 경우도 늘어납니다. 리더 역할을 하지 않는 아이도 같은 학년 리더를 지지하는 분위기가 형성됩니다. 학교 안에서 신뢰받는 집단이 되죠.

따라서 초등학교 6학년이 되면 사람에 따라 다르지만 자녀에 대한 부모의 신뢰가 60~70퍼센트까지 높아진다고 생각됩니다(도표 '걱정에서 신뢰로' 12세 부분 참조). 이 연령은 '전前 사춘기'라고 불리며 자아가 싹트는 시기입니다. 자신이 어떤 사람인지, 가족이나 친구, 선생님이 어떤 사람인지 심각하게 생각합니다. 그래서 때로는 누군가와 충돌하거나 부모에게 반항하기도 합니다.

예를 들어 부모에게 말대꾸하거나 거친 말을 내뱉습니다. 남자아이라면 엄마를 발로 차거나, 짜증이 나면 탁자를 치는 등 물건을 치기도 합니다. 이 시기에는 성호르몬이 많이 분비

되어 편도체와 해마 등 뇌의 여러 부위에 영향을 미치기 때문입니다. 해마 바로 위에 위치한 편도체는 감정을 관장합니다. 사춘기에 성호르몬이 다량으로 생성되면 편도체가 자극받아 감정이 폭발합니다.

이 때문에 부모님이 "왜 이렇게 화나 짜증을 내는 거야?"라며 눈살을 찌푸리는 경우가 많습니다. 아이 스스로도 알 수 없는 감정 기복에 휩싸여 통제할 수 없게 됩니다. 성호르몬으로 뇌가 반항적으로 변하고 있다는 것을 본인은 모르기 때문에, 엄마나 아빠에게 하고 싶지 않은 욕을 해놓고 나서 매우 후회하곤 합니다.

이 시기를 지나 고등학교 3학년, 즉 18세가 되면 자녀를 신뢰하는 정도는 약 95퍼센트로, 거의 가득 차게 됩니다(도표 '걱정에서 신뢰로' 18세 부분 참조). 일본에서도 드디어 18세부터 선거권이 주어졌는데, 신뢰하기에 충분한 나이라고 생각하면 당연한 일입니다.

그런데 몇 년 전 대학 수업에서 "반항기가 있었던 사람 손들어보세요"라고 했더니 100명 중 2명만 손을 들었습니다. 1~2학년을 대상으로 '아동의 발달'을 가르치는 수업이었기 때문에 시험 삼아 중학교 이후 반항기가 있었는지 물은 것이었습니다.

100명 중 2명, 겨우 2퍼센트였습니다. '아니, 그럴 리 없어. 혹시 사춘기를 겪었다고 밝히기 부끄러운 걸까? 아니면 나에게 반항하는 걸까?' 그렇게 생각한 저는 학생들과 인터뷰하기로 했습니다. 교단에서 내려와 마이크를 들고 "왜 반항하지 않았어요?" 하고 물어보며 돌아다녔죠.

그러자 "우리 엄마가 하는 말에 별다른 불만이 없었어요" "반항할 이유가 없었어요" "우리 가족은 모두 사이가 좋아요" "반항하면 귀찮을 것 같아서요" 등 여러 대답이 나왔습니다.

저는 부모에게 반항하지 않고 가정의 평화를 지킬 수 있었던 이유를 이야기하는 학생들을 향해 이렇게 말했습니다. "아니, 여러분, 이상해요." 저는 고개를 가로저었습니다. "지금은 열여덟 살이니까 아직 늦지 않았어요. 집에 가서 부모님께 반항하세요. 뭐든 불평을 해보세요!" 그렇게 말했더니, 학생들은 '나리타 선생님, 위험하네?' 하는 표정으로 어리둥절해하더군요.

이후 저는 매년 학생들에게 같은 질문을 하고 있습니다. 코로나19 팬데믹의 영향으로 대면 수업을 하지 않았던 해는 질문할 수 없었지만, 그 외 해에는 '반항기가 있었다'고 대답한 학생은 대략 80~100명 중 항상 2~4명이었습니다.

아이에게 반항기가 없다면 부모 입장에서는 편할지도 모르겠습니다. 하지만 저는 이것이 결코 좋은 현상은 아니라고 생각합니다. 반항기가 없었던 아이는 어른이 되어 폭발하는 경우가 적지 않기 때문입니다. 앞서 말한 '뼈아픈 부메랑'이죠.

자녀를 신뢰할 수 없는
세 가지 이유: ① 완벽주의

자녀가 은둔형 외톨이로 자라거나 가정 폭력이 이어지면 고학력 부모는 어찌할 바를 몰라 상담하러 옵니다. 그중에는 '내 양육 방식이 아이에게 좋지 않은 영향을 줄지도 모른다'고 어렴풋이 느끼면서도 생각을 바꾸지 못하는 사람들도 적지 않습니다.

생각을 바꾸지 못하는 이유는 무엇일까요? 먼저 고학력 부모가 불안해하고 자녀를 믿지 못하는 이유 중 하나인 '완벽주의'에 대해 생각해봅시다. "믿을 수 있는 식재료 외에는 절대 먹이지 않아요"라고 말한 루미 씨는 대기업에 근무하면서 초등학생 딸을 키우고 있습니다. 생산자 이름이 적힌 유기농 채소, 육류, 생선 등 안심하고 먹을 수 있는 브랜드의 식재료를 정기적으로 주문합니다. 주말에는 일주일 분량을 모두 손질

해 냉동 보관하죠. 이 식재료로 직접 조리한 음식 외에는 먹이지 않습니다. 이유식부터 계속 같은 브랜드의 식재료를 사용해왔습니다.

딸은 학교 성적도 우수하고, 스포츠나 악기 등을 배울 때도 우수했습니다. 루미 씨가 "이상적인 아이가 태어났다고 느꼈어요"라고 말할 정도로 자랑스러운 딸이었습니다. 아이는 초등학교 3학년 때부터 아빠의 취미인 트라이애슬론을 시작했습니다. 관련 대회의 아동 부문에 출전해 표창장을 받을 정도로 재능을 보였죠.

트라이애슬론은 체중이 가벼울수록 유리한 종목이라고 합니다. 이런 점이 음식에 대한 루미 씨의 집념과 완벽주의에 더욱 박차를 가했습니다. 먹는 양을 줄이면서 근육량을 늘리기 위해 더욱 엄선한 재료로 요리하게 되었습니다. 고학력이고 고소득이기에 가능한 일이었죠. 그녀의 완벽주의에 이끌려 딸아이는 엄격하게 식단을 조절했는데, 아직 몸이 다 자라지 않은 초등학생에게는 꽤 힘든 일이었습니다. 아침부터 달리기 등 트레이닝도 열심히 했다고 합니다. 이 역시 아직 몸이 성장하지 않은 초등학생에게는 꽤 힘든 것이었습니다.

그렇게 하다 보니, 점차 잘 먹지 못하게 되었습니다. 아이 성격이 성실해서 학교에는 가지만 급식을 먹을 수 없었습니다. 집에서는 손가락으로 집어 먹을 수 있는 작은 주먹밥 두세 개 정도만 가지고 갔습니다. 그러다 보니 순식간에 말라서 또래 표준체중의 30퍼센트까지 줄었습니다. 주변의 권유로 병원에 갔더니 '섭식 장애'라는 진단을 받았습니다. 그래도 금방 먹을 수 있는 상태가 되지는 않았습니다.

  모녀는 그런 과정을 거쳐 저에게 왔습니다. 걱정스러운 표정을 짓는 루미 씨와 말라서 눈이 움푹 파이고 얼굴이 창백한 아이를 처음 만났을 때 매우 놀랐습니다. 아직 초등학교 4학년이었습니다. 저는 루미 씨와 면담하면서 그 아이와도 관계를 쌓아갔습니다. 조금씩 저와 대화할 수 있게 되었을 때 "왜 먹지 못하게 된 거지?"라고 물어보았습니다. 아이의 대답은 충격적이었습니다. "엄마가 너무 멋져서요." '엄마는 고학력에 고소득자다. 날씬하고, 얼굴도 예쁘고, 요리도 잘하지. 모든 면에서 완벽하기 때문에 나도 엄마처럼 되어야 해. 초등학교 3학년 무렵부터 몸이 커지면서 이대로는 엄마처럼 될 수 없다고 생각하니 너무 불안해졌다. 그래서 과하게 노력했는지도 모르겠다' 같은 내용이었습니다. 아이의 '너무 멋지다'는 말은 엄마가 완벽하다는 뜻입니다. 엄마처럼 '되고 싶다'는 욕망이 자기도 모르는 사이 '되어야 한다'는 강박관념으로 바뀌어 스스로를 괴롭혔을지도 모르죠.

섭식 장애는 환경이나 부모에 대한 거부반응으로 나타나는 현저한 증상 가운데 하나입니다. 제가 만난 섭식 장애 아이들은 대부분 부모가 음식에 지나치게 신경 쓰고 있었습니다. 부모가 음식에 계속 너무 얽매이다 보니 아이가 먹지 못하게 되어버리죠. 그런 분들은 대체로 학력이 높고, 어떤 일이든 완벽하게 해냅니다.

저는 루미 씨에게 "어머니, 죄송해요. 따님이 좀 힘든 상태였나 봐요. 아마 그럴지도 몰라요. 식사하지 않으면 쓰러질 수도 있겠죠? 쓰러지기 전에 와서 다행이에요"라고 말했습니다. 그녀는 눈물을 흘리며 고개를 끄덕였습니다.

그 후 아이는 음식을 조금씩 먹을 수 있게 되었고, 원래 몸무게로 돌아왔습니다. 이처럼 엄마가 너무 완벽하면 아이에게 리스크가 됩니다. 이 말은 딸이 회복된 후에 전해주었습니다. "루미 씨도 열심히, 열심히, 엄마 노릇을 하고 있는 건 잘 알아요. 하지만 조금 손을 놓아볼까요. 유기농이 아니어도, 가끔은 손수 만들지 않아도, 외식해도 괜찮아요."

완벽주의적인 고학력 부모 중에는 감각적으로 날카로워지고 상처받기 쉬운 사람들이 많습니다. 감수성이 예민하고 불안을 쉽게 감지하죠. 그 때문에 미리 부정적인 일을 피하기 위해 눈앞에 닥친 일에 온 힘을 기울입니다. 이때 맹목적 사랑이 강한 영향력을 발휘합니다. 그런 모습이 아이에게는 '걱정만 하고 나를 믿어주지 않는다'는 메시지로 전달됩니다.

엄마가 싸준 도시락을
쓰레기통에 버리는 우등생

연구직에 종사하는 한 어머니는 어느 날 밥솥을 버렸다고 했습니다. 이유를 물었더니 '밥은 뚝배기로만 짓기 때문'이라고 대답했습니다. 그래서 밥솥이 필요 없다는 것입니다. 그녀의 세 아이는 모두 초중고 학생으로 아직 손이 많이 가는 시기이고 게다가 맞벌이 부부인데 매일 밥을 뚝배기로 짓는다니…. 집안일을 어떻게 하면 합리적으로 해낼지 매일 궁리하던 저는 깜짝 놀랐습니다.

아내와 마찬가지로 연구원인 아버지는 더 바빠서 가사와 육아에 거의 참여하지 못했습니다. 어머니는 '독박'까지는 아니더라도 힘들었을 것입니다. 게다가 즉석 반찬 등도 절대 사지 않는 것을 원칙으로 삼았습니다. 음식은 모두 직접 만들었어요.

식사에 신경 쓰는 것 말고도 학습지 풀기나 학원 등·하원도 절대 시간에 늦지 않게 했습니다. 학교 프린트물은 아이마다 따로 파일로 정리하고, 청소와 빨래 등 집안일도 완벽히 해냈습니다.

그런데 고등학생인 큰아들이 학교에 가지 못하게 되었습니다. 아침에 심한 복통으로 한 시간 동안 화장실에 틀어박혀 있기도 했습니다. 과민성대장증후군 진단을 받았고, 아이러니하게도 어머니의 손맛이 담긴 음식도 '배가 아프다'며 거의 손을 대지 않았습니다.

이 경우와 비슷하게 부모가 완벽한 육아를 하는 아이의 이야기를 들은 적이 있습니다. 중고일관교에 다니던 레이는 어머니가 만든 도시락을 버리고 있었습니다. 매일 학교 쓰레기통에 그대로 버리는 것입니다. 어머니는 매일 새벽 2~3시까지 레이 옆에서 공부를 시켰습니다. 레이는 중학교 때까지 전교 1등을 했지만, 고등학교에 들어가면서 공부가 뒤처지기 시작했습니다. 그 때문에 학원에 다녔고, 공부가 중심이 된 고등학교 생활은 그에게 스트레스가 되었습니다. 그렇다고 엄마에게 대놓고 반항할 수도 없는 노릇이었습니다. 손수 만든 도시락을 버리는 것이 그에게는 유일한 반항이었던 것입니다.

어머니는 전혀 눈치채지 못했지만, 레이는 점점 병들어갔습니다. 교내에서 얼굴이 새파랗게 질려 쓰러지는 일이 잦았고, 얼마 뒤에는 보건실로 등교하게 되었습니다. 그런데도 레이는 담임선생님에게 부모님께 절대 말하지 말아달라고 부탁했습니다. 더 이상 걱정을 끼치고 간섭받는 것이 싫었기 때문입니다. 그래서 대학도 유명 사립대학에 지정교 추천(일본의 추천 입학제 중 하나로 해당 대학이 지정한 학교의 학생이 입학을 희망하면 우선적으로 선발하는 방식—옮긴이)을 받았습니다. 시험을 볼 수 있는 상황이 아니라고 스스로 판단했기 때문입니다. 그리고 그는 어머니가 몸이 그렇게까지 망가진 것을 전혀 눈치채지 못한 상태에서 졸업할 수 있었습니다.

그와 같은 아이들과 면담하면 '우리 부모님, 버겁다'는 표현을 합니다. 강하고 엄한 말투를 쓴다는 게 아니라 '존재가 무겁다'는 뜻입니다. 간섭이 너무 심하기 때문입니다. "엄마가 너를 위해 열심히 하고 있으니 너도 열심히 해라"라는 말은 아이에게는 '억지 강요'입니다. '너 잘되라고 하는 것'이라는 부모의 말은 '선의의 강요'일지도 모릅니다. 아이는 "부탁한 적 없거든요"라고 말하고 싶어도 반항하면 귀찮아지니까 입을 다물어버립니다. 하고 싶은 말을 마음대로 할 수 없는 답답한 관계는 아이에게 스트레스입니다. 부모가 노력하면 할수록 아이는 점점 약해져갑니다.

많은 부모와 자녀를 지켜본 제 느낌으로는 음식을 만들어 먹든 조리된 음식을 사 먹든, 먹는 것을 진심으로 즐기는 부모의 자녀는 섭식 장애와 거리가 멉니다.

자녀를 신뢰할 수 없는
세 가지 이유: ② 허영심

불면증 때문에 새벽 1시에서 3시 정도에 잠이 든다는 초등학교 1학년 아들을 둔 어머니가 있었습니다. 우리를 찾아오기 전까지 이미 여러 병원을 많이 다녔다고 합니다. 이른바 '의사 쇼핑'입니다. 어느 병원에 가든 일단 좋아지기는 하는데 지속되지 않더랍니다. 당시에도 다른 병원에서 처방받은 약이 효과가 있어 잠을 잘 수 있게 되었습니다.

잠은 잤지만, 1시에서 3시 사이에 잠들고 아침 9시에 일어나는 생활 리듬은 변하지 않았습니다. 무단결석이 계속되고 있었고요. 저는 "잠을 잘 수 있게 되었다면 잠자리에 드는 시간을 조금 더 당겨야 할 것 같아요"라고 만날 때마다 몇 번이고 호소했습니다. "우선 밤 11시 안에는 재워야 합니다. 그것부터 하지 않으면 잘 고쳐지지 않아요. 아드님 같은 아이를 여러 명 진료해봤어요. 다들 정말 달라지니까 믿고 일찍 자고 일찍 일어나게 해보세요." 그러자 어머니는 이렇게 말했습니다. "선생님은 여러 사람을 진료할 수 있고, 그런 사람이 많을 수 있지만, 우리 아들은 유일한 예외예요. 그래서 못합니다."

어머니는 병원을 전전하면서 여러 분야를 공부했고, 의학적·과학적 지식도 쌓았습니다. 저의 권유와 액시스의 방식에 논리적으로는 납득하지만 "이렇게 해보세요" 하는 조언을 마치 자신이 부정당하는 것으로 받아들이는 듯했습니다.

"우리 아이가 집에서 난동을 부려서 곤란해요"라고 하소연하는 어머니에게 "그럴 수도 있겠네요. 곤란하겠어요. 그런데 폭력을 휘두르기 전에 엄마는 아들에게 뭐라고 말하셨어요?"라고 물으면, 부적절한 말투로 아이에게 이야기하는 경우가 있습니다. "음, 그러면 아이도 자신이 부정당했다고 생각하죠"라고 말한 후 "왜 안 하니?"가 아니라 "어디가 서툰 거니?"라고 물어보라고 조언하기도 합니다. 저 역시 결코 비난하는 말투가 아닌 친절한 미소를 지으며 말합니다. 그런데도 불만스러운 표정으로 "병원을 옮기고 싶으니 소개장을 써주세요"라고 말하는 경우가 많습니다. 다른 병원으로 옮기고 싶다는 환자의 말을 거부할 수 없기에 바로 "알겠습니다"라고 답하고 서류를 작성해줍니다.

이렇게 자신에게 고통을 주는 말을 듣자마자 마음의 문을 닫아버립니다. 자신의 잘못을 인정하고 싶지 않기 때문이죠. 앞 내용은 모두 자존심이 강한 고학력 부모가 흔히 보이는 반응입니다. 걱정만 할 뿐, 아이는 물론이고 아무도 믿지 못합니다. 어느 누구든 자신의 허영심을 채워줄 의사를 만날 때까지 찾아 헤매는 것 같았습니다. 그 가운데는 소개장을 들고 다른 병원을 돌아다니다가 몇 달 후 다시 찾아오는 분도 있습니다. "다른 선생님을 찾아갔지만, 아들이 자꾸 나리타 선생님에게 진료받고 싶다고 해서요"라고 하더군요.

강한 허영심은 자칫 타인에 대한 차별 의식으로 이어지기도 합니다. 고학력자이자 완벽주의자인 부모가 '내 자식이 나와 같은 길을 가지 않으면 불행해진다'고 생각하는 이면에는 차별과 편견이 존재하는 것 같습니다. 고학력자 아버지가 "이대로는 좋은 학교에 갈 수 없겠어. 큰일 났다"라며 아이의 마음을 부숴버립니다. 학교 선생님도 같은 말을 합니다. 여기에는 '좋은 학교에 가지 못하는 인간은 바보 같은 놈'이라는 차별 의식이 숨어 있는 것은 아닐까요?

그런데 자녀에게 부모와 같은 길을 가길 바라는 경우는 의사에게도 해당됩니다. 어느 의사 부부는 삼 남매를 두었는데, 위 두 명은 무단결석하거나 가출하는 바람에 막내인 셋째가

'누군가 한 명은 의사로 키워야지'라는 꿈을 떠안게 되었습니다. 막내는 기숙형 의대 진학 학원에 입학해 벌써 4수를 하고 있습니다. 위의 두 아이도 대학을 졸업하지 못한 상태이지만, 의사 부부는 자신의 양육 방식을 되돌아보려는 기색이 없습니다. 간섭-모순-맹목적 사랑이 모두 존재하고, 자녀를 신뢰하지 못한 채 가족은 뿔뿔이 흩어져버렸습니다.

자녀를 신뢰할 수 없는
세 가지 이유: ③ 외로움

고학력 부모가 자녀를 신뢰하지 못하는 이유로 부모의 완벽주의와 허영심을 꼽았습니다. 세 번째 이유는 '외로움'과 '고립'입니다. 고학력 부모는 체면에 유달리 신경 쓰기 때문에 타인에게 약점을 보이고 싶어 하지 않습니다. 그렇게 되면 고민이 있어도 주변 사람들에게 털어놓지 못하고 고독해지기 쉽죠. 그래서 새로운 정보나 배움을 획득할 기회를 얻지 못합니다.

게다가 고학력 부모 가운데는 고도로 전문화된 직업에 종사하는 이들이 많습니다. 의사, 변호사, 연구자, 언론인, 금융인, 공무원, 교육자, IT 관련 종사자 등의 전문직입니다.

이런 고학력 집단은 같은 괴로움을 나누며 서로를 북돋아 주는 '또래 지원(피어 서포트peer support)' 관점에서 보면, 동료를 만들기 어려운 환경에 놓인 것으로 보입니다. 자녀를 키우는 엄마들은 자연스럽게 친구(마마 친구)가 되는데, 자녀 양육 동료를 만들기 쉬울 것 같은 엄마들조차 고학력이라면 직장에서 상황이 비슷한 자녀 양육 동료, 즉 고민을 나누고 서로 공감하고 정보를 교환할 수 있는 동료를 만나기가 어려운 듯해요. 그렇다고 자녀의 학교에서 동료를 만날 수 있는지 살펴보면, 콧대가 너무 높다거나 말이 잘 통하지 않는 등 여러 어려움이 있는 듯합니다.

실제로 제게 상담을 청해 오는 고학력 엄마들의 이야기를 들어보면, 역시 마마 친구가 없습니다. 또래 지원이 필요하지만, 동료가 없기 때문에 자신의 매우 좁은 세계에서, 한 명 또는 두 명밖에 되지 않는 자기 자녀만 바라보면서 양육할 수밖에 없죠.

자녀 양육 지원 센터 등 공적 지원을 받아보라고 권할 수 있지만, 충분하다고 할 수 없습니다. 이것은 큰 문제입니다. 본보기가 없고 교과서도 참고서도 없기 때문에 자기가 양육 받은 대로 양육할 수밖에 없거든요. 그러다 보면 자신의 가치관에만 매몰되어, 새로운 가치관이나 타인의 객관적인 의견을 접할 수 없습니다. 그렇게 되면 자녀를 신뢰하는 법도 배울 수 없습니다.

제 육아를 돌이켜 봐도 외로움 그 자체였습니다. 다만 워킹맘을 위한 웹사이트 '밀밭(현재 페이스북으로 활동 중)'이 있었기에 운이 좋았을 뿐입니다. 가쓰마 가쓰요 씨 등이 주재하고, 익명으로 정보를 교환할 수 있어 자주 이용했습니다. 2000년 전후에 아이를 낳고 키운 워킹맘 중에는 밀밭에서 도움받았던 사람이 많을 것 같습니다. 어떤 의미에서는 고독해지기 쉬운 고학력 엄마들에게 동료로서 지원해주는 역할을 해준 셈입니다.

아빠의 경우 동료의 지원을 받기란 거의 불가능에 가깝습니다. 직장은 어디까지나 일터이기 때문에 자녀 이야기를 할 수 있는 분위기가 아니고, 원래 남자들은 자기 이야기를 하는 데 서툴죠. 약점을 드러내고 싶지 않은 사람이 많기 때문에 주변에 상담하지 못하고 고립되기 쉽습니다. 새로운 정보는 더더욱 얻지 못합니다. 그래서 간섭-모순-맹목적 사랑이라는 부적절한 양육이 낳는 '리스크'를 계속 안고 있게 됩니다.

이런 남성의 성향은 코로나19 사태로 더욱 두드러졌습니다. 한 여성은 남편이 '자가 격리 생활을 견딜 수 없다'며 저녁에 술을 마시러 나갔다고 합니다. 동네에서 아는 사람이 운영하는 가게에 가서 (영업난을 겪는) 그 사람을 돕는다면서 새벽 2~3시까지 술을 마시고 돌아오기 때문에 고민이 많았다고 해요. "지금 거리 두기 기간이라 다른 가게들은 단축 영업을 하는데 그렇게 행동하면 화가 나요. 밤에 잠자리에 들어도 잠이 오지 않고, 기분도 가라앉고요."

제가 남편에게 힘들다고 말해보면 어떠냐고 하니 "그런 말 못해요"라며 고개를 가로저였습니다. 왜 이런 식으로 디스커뮤니케이션이 일어나는지 놀랐지만, 애초에 코로나19 사태 이전부터 부부 관계가 좋지 않았습니다. "남편은 좋아하는 술을 마시는 것에 대해 간섭받고 싶지 않다고 해요. 그래서 더 이상 간섭하지 않고 남편이 밥 달라고 하면 밥을 차려주고, 외출할 때도 아무 말도 하지 않기로 했습니다."

하지만 술을 전혀 마시지 않는 아내는 "(술을) 보는 것도 싫어요"라며 집에서 술 마시는 것을 받아들이지 않았습니다. 그래서 남편은 자가 격리 기간에도 술을 마시러 다녔다고 합니다. 조금만 더 양보하면 좋겠지만, 서로 한 발짝도 양보하지 않는 상황이라 숨이 막힐 지경이었습니다. 가족이 함께 있으면서 단절된 채 살아갑니다. 원래 사람이 가장 편안해야 할 곳이 가정인데, 강한 긴장감을 느끼게 됩니다.

가족이 모여 살면서도 코로나19 사태를 함께 극복하자는 식의 연대감을 느끼지 못하죠. 억지로 연대할 필요는 없지만, 가족에게 무언가가 결핍되어 있는 것 같아요. 그러면 가족이 있어도 외롭습니다.

나도 부모에게
신뢰받지 못하는 아이였다

어느 해 장마철, 저는 동갑내기 친구와 우산 이야기를 하고 있었습니다. "내가 제일 좋아하던 우산을 잃어버렸어. 우산 하나를 1년 반 동안이나 가지고 있었던 건 처음이야. 전철을 타면서 두세 번 잃어버릴 뻔하긴 했지만 말이야. 오래 사용한 우산이라서 너무 아쉬워."

제 이야기를 들은 친구는 충격적인 이야기를 했습니다. "나, 지금까지 잃어버린 우산이 두 개인데, 하나는 하늘색 물방울무늬, 다른 하나는 빨간색이었던가. 슬펐지."

겨우 두 개? 나랑 똑같이 10년을 살았는데, 잃어버린 우산이 두 개뿐이라니?

저는 적게 잡아도 50개 이상 잃어버렸거든요. 아니, 100개 이상일지도 모릅니다. 깜짝 놀랐습니다. 인생의 우산 비용이 50배 이상이라니….

저는 원래 뭐든 잘 잃어버리는 아이였습니다. 교과서, 노트, 문구(특히 지우개)는 말할 것도 없고, 매일같이 소지품이 없어졌습니다. 그러다 보니 아버지와 결혼하기 전까지 임상심리사였던 어머니에게 잔소리를 많이 들었습니다. 일상적인 것을 챙기지 못하는 저는 어머니를 짜증 나게 했습니다. 시험에서 100점을 받아도 잘했다는 칭찬을 받아본 적이 없습니다. 지금까지 부모에게 신뢰받지 못하고 고통받는 아이들의 모습을 전했지만, 사실 저도 부모에게 '신뢰받지 못하는' 아이였던 것입니다.

저는 초등학교 3학년 때 전학했는데, 새로운 초등학교는 집에서 가파른 언덕을 내려와 통학해야 하는 곳이었어요. 아침에는 걸어서 등교했지만 하교할 때는 버스를 탔습니다. 매일 아침 어머니에게 버스 승차권 한 장을 받아 버스를 타고 집으로 돌아왔습니다. 친구가 없었기 때문에 항상 혼자였고요.

어느 날 버스 정류장까지 회수권을 꼭 쥐고 걸어갔는데, 도착해서 보니 손에 있어야 할 회수권이 보이지 않았습니다. 당황해서 서둘러 왔던 길을 되짚어 찾아 헤맸지만 찾을 수 없었어요. '아, 어떻게 하나. 집에 돌아갈 수 없구나.' 저는 울면서 겁에 질린 모습으로 버스 정류장 옆에 있던 과자 가게에 들어갔습니다.

도호쿠에서 간사이로 전학 온 직후라 낯설었지만, 필사적으로 제가 처한 상황을 눈물로 호소했습니다. 과자 가게 아줌마는 제 이야기를 잘 들어주며 "그거 정말 큰일이구나. 조금만 기다리렴" 하며 제 손에 동전 몇 개를 쥐여주셨습니다. "이걸로 버스를 타고 가거라. 버스비는 나중에 돌려주면 돼."

저는 마음 깊이 감동했습니다. 그다지 활발하지 않은 아이였기 때문에 제대로 감사 인사를 했는지는 잘 모르겠습니다. 어쨌든 오랜만에 들뜬 마음으로 버스를 타고 무사히 집으로 돌아올 수 있었습니다. 그리고 어머니에게 그 경위를 기쁜 마음으로 이야기했던 것 같습니다. 잘 웃지 않는 아이였지만, 그때는 흥분해서 웃고 있었을지도 모릅니다. 그런데 놀랍게도 돌아온 것은 어머니의 고함 소리였습니다. "왜 그런 짓을 했어? 남에게 돈을 빌리다니, 부끄럽다. 게다가 모르는 사람에게 말이야. 매일 아침 언덕을 내려가서 학교에 가는데, 그 길로 올라가면 되는 거 아니야?"

'그, 그렇구나!' 하고 생각했습니다. 초등학교 3학년이었으니 거기까지 생각이 미치지 못한 것입니다. 아침에는 걸어서 가고, 저녁에는 버스를 타야 한다고만 생각했죠. 어머니의 말은 천 번 만 번 옳은 말이었습니다. 걱정한 나머지 화를 냈을 지도 모릅니다. 하지만 지금 생각해보면 과자 가게에서 돈을 빌려서 돌아온 딸을 조금이라도 신뢰했더라면 어땠을까 하는 아쉬움이 남습니다.

그때 어머니가 한 말은 아직도 제 가슴에 박힌 채 남아 있습니다. 이 일은 '자녀에게 너무 바른말만 하지 마라'라고 강력하게 호소하는 저의 원점이기도 합니다. 저는 사실 그때 어머니가 이렇게 말해주었으면 좋았을 것 같다고 생각합니다. "잘했어. 용기 내서 말을 꺼낸 덕분에 좋은 사람을 만나게 되어 정말 다행이야. 버스비를 빌려준 아줌마가 참 고맙네. 내일 함께 감사 인사를 하러 가자."

저는 이런 식으로 어렸을 때부터 '내 인생이 잘 안 풀리는구나. 너무 힘들어'라고 생각해왔습니다. 가장 첫 번째로 실패한 기억은 회수권을 잃어버린 초등학교 3학년 때보다 조금 앞선 다섯 살 무렵입니다. 조부모님이 사는 후쿠시마현 이와키시에서 두 살 아래 여동생과 둘이서 두 시간 정도 길을 잃은 적이 있습니다. 어느 방향으로 가면 돌아갈 수 있는지 전혀 몰라, 들판 한가운데서 머리가 멍해졌습니다.

불안하고 외롭고 두려움에 짓눌릴 것 같았지만, 그래도 필사적으로 여동생의 손을 잡고 걷다 보니 기적적으로 조부모님 댁에 도착했습니다. 그런데 울면서 현관문으로 뛰어 들어온 저에게 어머니는 차가운 눈빛으로 "바보 아니야? 이렇게 쉬운 길을 왜 헤맸어?"라고 말했습니다. 그러고는 여동생을 업고 얼른 방으로 들어가버렸고, 저는 현관에 남겨졌습니다. 지금도 그 장면이 생생하게 기억납니다. 아마 그때 처음으로 삶의 괴로움을 맛본 것 같습니다.

이 일을 시작으로 수많은 실패를 거듭 경험해온 저는 그 실패가 저를 성장시켜주었다고 생각합니다. 다만 제 딸이나 제가 진료하는 아이들도 저와 똑같은 경험을 했으면 좋겠다는 생각은 조금도 들지 않습니다.

보이스 피싱에 속아 넘어가는 부모-자녀의 특징

대학생 딸과 함께 〈보이스 피싱의 실태와 예방법〉이라는 특집 방송을 보았습니다. 경찰이 단속을 강화했지만, 점점 더 교묘해지고 있다고 하더군요. 자세한 개인정보를 입수한 후 전화를 걸어오기 때문에 쉽게 속아 넘어가는 듯합니다. 실제로 피해를 입은 분이 출연했는데, 피해 상황을 재현한 영상에 우리는 눈이 휘둥그레졌습니다.

고령의 여성분에게 아들을 사칭한 남성이 전화를 걸어왔습니다. 처음엔 그냥 잡담으로 끝내고 믿게 한 뒤, 다시 전화를 걸어 돈을 요구했다고 합니다. "전데요, 일하다가 손님에게 손해를 입혔어요. 오늘 중으로 80만 엔을 보상하지 않으면 큰일 나요." 이 말을 들은 부모님은 의심하지 않고 서둘러 80만 엔을 불러준 계좌로 입금했습니다.

"그때 심정이 어땠나요?" 취재진의 질문에 여성과 남편은 입을 모아 이렇게 말했습니다. "부지점장이 되기까지 열심히 일해온 아들이 이런 일로 자리를 잃으면 불쌍하다고 생각했어요. 아무 생각도 들지 않았죠."

은행 부지점장이라면 40대를 넘긴 나이입니다. 그렇게 착실한 어른인 아들에게 "실수했어? 어쩌면 좋아?"라며 80만 엔이나 되는 돈을 내밀다니…. 딸은 금방 "와, 말도 안 돼!"라고 소리를 질렀습니다. "애당초 자기 실수인데 왜 부모님께 전화한다고 생각하는 거야? 나라면 그럴 리 없고, 전화해도 엄마한테 '그래서?'라는 말을 듣고 끝날 것 같아요"라며 고개를 저었습니다.

그 말이 맞습니다. 만약 딸을 사칭한 악당이 비슷한 전화를 걸어오면 저는 단호하게 이렇게 말할 겁니다. "오호, 그거 큰

일이구나. 어? 지점장이 될 수 없어? 네가 지점장이 되고 싶다는 생각을 했다니 깜짝 놀랐어. 우리 집 아이는 그런 가치관을 가지고 자랐구나. 대단하네!" 아마 보이스 피싱범은 화끈거리는 얼굴로 전화를 끊어버리겠죠.

그런데 송금 사기는 서양에서는 잘 일어나지 않는 범죄입니다. 듣기로는 이런 친근감을 악용하는 사기는 일본, 한국, 중국 등 동아시아 특유의 범죄라고 합니다. 경찰청에 따르면 2020년 아들을 사칭한 보이스 피싱 피해는 6,407건이고, 피해 총액은 126억 1,000만 엔으로 어마어마한 액수입니다. 이 범죄의 근저에는 지극히 일본적인 부모와 자식의 공共의존적 관계가 깔려 있다고 느낍니다. 부모가 자식이 '가엾어서' '걱정되니까' 모든 것을 도와주는 모습이 그대로 드러납니다. 일본인은 어쩌면 보이스 피싱 피해를 당하기 쉬운 부모-자녀 관계를 형성하고 있는지도 모릅니다.

우리가 운영하는 액시스에서는 '최선을 다해 자녀를 신뢰하는 것'이 자녀 양육의 최종 목표라고 전합니다. 자녀의 행동은 리스크를 잉태하기에 그것을 간과하면 실수로 이어질 수 있고, 리스크가 예상되더라도 목숨이 왔다 갔다 하는 문제가 아니라면 부모는 계속 '신뢰하고, 기다리며, 지켜보아야' 합니다. '가엾다', '잘되게 해주고 싶다'는 부모의 감정으로는 좋은 결과를 볼 수 없습니다.

딸의 목소리로 하는 보이스 피싱이 적은 이유

그런데 보이스 피싱 사기는 일명 '오레오레 おれおれ(남자가 친근한 사이에서 자기를 지칭하는 대명사—옮긴이) 사기'라고 불릴 정도로 피해자의 대부분이 아들 부모입니다. '와타시 와타시 わたし わたし(남녀 공통으로 쓰이는 1인칭 대명사—옮긴이) 사기'는 잘 듣지 못합니다.

어머니는 딸에 대해서도 애지중지하고, 간섭하고, 모순된 양육을 하지만, 성인이 되면 공의존 관계가 약해집니다. 그렇게까지 과보호하지 않는 것이죠. 이에 반해 아들과는 딸보다 더 공의존 관계에 빠지기 쉽다고 느낍니다. 아들에 대해서는 끝까지 과보호-과간섭으로 일관합니다. 아들에 대한 어머니의 이런 맹목적 사랑이 다른 나라에 비해 압도적으로 많은 보이스 피싱 피해를 당하기 쉬운 배경일 수 있습니다.

아들을 둔 어머니가 더 많이 피해를 입는 또 다른 이유는 모자 관계의 성별 차이에 있습니다. 이번 주말에 어디로 놀러 간다든지, 지금 이런 일로 고민하고 있다든지 등 어머니와 딸은 정보를 자주 교환합니다. 이에 반해 남자아이들은 그렇게 하지 않기 때문에 어머니는 아들의 전화 목소리를 잘 듣지 못하죠. 어머니에게 아들은 더 신비롭다고 해야 할까, 갑자기 전화를 걸어오면 반가운 존재인지도 모릅니다. 그래서 분간하기 힘든 목소리로 '도와달라'는 말을 들으면 발을 동동 구르다가 큰돈을 송금하게 되는 것이죠.

액시스나 병원 외래 진료에서 만나는 고학력 가정의 부모와 자녀를 보면 자녀의 나이에 따라 '성차'가 확연하게 드러납니다. 여자아이는 중학생 정도면 어머니에게 반항하거나 때로는 폭력을 휘두르는 등 공격성을 보이는 경향이 있습니다. 그러다 성인이 되면 공격성이 줄어드는 경우가 많아요. 주로 은둔형 외톨이가 되어 불안과 우울 등의 증상을 보이며, 20대 여성이 부모에게 폭력을 행사하는 경우는 드뭅니다.

반면 남자아이들은 중학생 정도 되면 어머니에게 공격성을 보이기보다 의존·종속적 성향이 강해집니다. 굉장히 끈끈한 경향을 보이는 것이죠. 밤에는 무서워서 같은 이불을 덮고 손을 잡고 자는 아이도 드물지 않습니다. 그러다 20대 이후 은둔형 외톨이가 되면 어머니에게 매우 폭력적으로 변하는 경우가 많습니다. 어머니가 "그토록 착한 아이였는데" 하며 울게 만드는 것입니다.

성별에 관계없이 보이는 공통점은 문제가 발생하는 가정에서는 아버지의 존재감이 미약하다는 것입니다. 보이스 피싱 사기에서 나쁜 것은 가해자이지, 피해를 입은 사람들 모두 걱정만 하는 부모는 아니었을 것입니다. 그렇다 해도 성인이 된 40~50대 이후 자녀를 위해 거액의 돈을 송금하는 이유는 무엇일까요? 이때 떠오르는 것은 성인이 된 아들을 계속 돌보는 어느 어머니의 모습입니다.

스무 살짜리 아들을 아침마다 깨워 세 끼를 꼬박꼬박 챙겨줍니다. 그리고 잠자는 시간을 줄여가며 풀타임으로 열심히 일하죠. 반면 아들은 무소속 백수로 온종일 온라인 게임을 합니다. 그런 상황에서도 부모님은 당연하다는 듯이 반찬을 잔뜩 만들어 냉장고에 채워놓고 "빨리 일어나라"라고 말하고 일터로 나갑니다. "엄마는 매일 바쁘고 너는 한가하다. 그리고 너는 혼자서도 밥을 잘 지어 먹을 수 있을 것 같아서 앞으로는 밥을 하지 않기로 했다. 돈은 내가 낼 테니 네가 슈퍼에 가서 장 보고, 가능하면 엄마가 먹을 분량까지 밥을 지어놓아라. 엄마는 6시 반에 아침밥을 먹지 않으면 지각하니까 그 시간까지 밥을 차려야 해"라고 왜 말하지 못하는 걸까요? 저는 이해할 수 없습니다.

사실 이것은 제 딸이 재수생이 되었을 때 실제로 제가 했던 말입니다. 딸은 고등학교를 졸업한 후에는 어디에도 소속되지 않고 매일 집에 있었습니다. 저는 '그렇다면 꼭 집안일을 분담해야 한다'며 제안했습니다. 딸은 그것을 승낙하고 요리 패드를 참고해 매일 다양한 반찬을 만들어주었습니다. 덕분에 퇴근길의 즐거움을 얻게 되었어요. 아침에도 식탁 앞에 앉으면 아침밥이 차려져 있었습니다.

물론 부모로서 내적 갈등은 있었습니다. '이렇게 가사 노동을 시켰는데, 만약 이 아이가 내년에도 합격하지 못하면 어떡하지' 하며 불안해하지 않았다면 거짓말입니다. 그런데 만약 제가 그런 걱정을 앞세워 "집안일을 시키면 넌 내년에도 합격하지 못할 테니까 공부에 우선순위를 두고 열심히 해라"라고 단언한다면 어떻게 되었을까요? 부모에게 '가엾은 아이'로 낙인찍힌 아이는 열심히 공부할 수 없습니다. 딸은 '가장 가까운 존재인 부모에게 신뢰받지 못하는 가엾은 아이'가 되어버립니다. 저는 그것이 더 걱정스러웠습니다.

좋은 스트레스와
나쁜 스트레스

저는 강연이나 세미나에서 "육아란 아이에 대한 걱정을 신뢰로 바꾸는 것입니다"라고 이야기합니다. 그래도 사람이 좋은 방향으로 변화하는 데 가장 좋은 약은 '불안'이라는 생각이 뿌리 깊이 자리 잡고 있습니다. 그런 생각은 이렇습니다. '불안을 품고 있지 않으면 사람은 변할 수 없다' '지금의 자신으로는 안 되니까 반드시 변해야 한다는 불안을 느끼면 거기서 에너지가 솟아난다.'

그 불안은 제가 보기에는 '스트레스'입니다. 어른들은 아이 역시 스트레스를 주면 성장한다고 믿습니다. 특히 아이에게 높은 목표를 갖게 하려는 고학력 부모들은 강한 스트레스를 주기 쉽죠. 스트레스는 아이의 성장에 좋을까요, 나쁠까요? 사실 스트레스에는 좋은 스트레스와 나쁜 스트레스가 있습니다. 좋은 콜레스테롤과 나쁜 콜레스테롤이 있고, 장내 세균에도 좋은 균과 나쁜 균이 있는 것과 마찬가지입니다.

우리는 스트레스를 받으면 스트레스 호르몬이라고 불리는 코르티솔(부신피질 호르몬의 일종)을 분비해 혈관을 수축시켜 혈압을 올리거나 체내에서 포도당을 만들어 혈당을 올리는 등 스트레스에 대응하도록 준비합니다. 이는 중요한 방어 기능이지만, 스트레스가 만성화되면 심신에 여러모로 나쁜 영향을 미칩니다. "이런 건 안 돼"라고 다른 사람이 화내거나, 혹은 화내기도 전에 '이렇게 하면 화낼까 봐 두려워' '왜 나는 아이디어가 떠오르지 않는 걸까?' '역시 나에게는 능력이 없구나' '이 일은 나에게 맞지 않는구나'라고 생각하게 됩니다. 이렇게 심신의 상태를 악화시키는 것이 바로 나쁜 스트레스입니다. 자기 긍정감이 약한 사람은 이렇게 되기 쉽습니다.

이에 반해, 아드레날린을 분비하게 해 동기를 부여하는 착한 스트레스가 존재합니다. 이는 타인이 아닌 '스스로 주는 스트레스'입니다. 제가 어떤 원고를 작성하고 있다고 가정해 봅시다. '이 문장으로는 안 돼. 뭔가 펀치가 더 필요해. 뭔가 더 아이디어를 내야 해'라고 생각할 때, 대량의 아드레날린이 분비되어 집중할 수 있습니다. 이는 선한 스트레스에 의한 것입니다. 스포츠 등에서 말하는 '적당한 긴장감'이 여기에 해당합니다.

하지만 이 좋은 스트레스를 제대로 발휘하기 위해서는 마음의 상태가 건강해야 한다는 것이 중요합니다. 푹 자고, 좋은 환경에서 생각하는 것이죠. 그러면 적극적으로 생각하도록 해주는 전두엽의 기능이 정돈되어 논리적 사고를 할 수 있게 됩니다. 그러면 불안에서 비롯된 가벼운 스트레스가 가속 페달이 되어 머리도 몸도 움직입니다. 즉 심신의 컨디션이 좋으면 스트레스가 좋은 쪽으로 작용하기 쉽습니다.

마음은 '뇌'입니다. 따라서 의식적으로 뇌의 컨디션을 끌어올려야 합니다. 그래야 자율신경도 튼튼해지고, 몸의 컨디션도 좋아집니다. 뇌가 건강한가요? 그것이 좋은 스트레스와 나쁜 스트레스의 갈림길이 됩니다.

그림을 그리지 않게 된 천재 아이

유아기에는 그림을 그릴 때 검은색 크레용 하나로 칠하거나, 태양을 파란색으로 칠하기도 하죠. 재미있는 감성입니다. 하지만 그런 행동을 인정하지 못하는 어머니가 아이의 모습이 이상하다며 제게 상담하러 온 적이 있습니다. 어머니는 다섯 살배기인 마이의 행동에 너무 지나치게 간섭했습니다.

그래서 저는 "곰곰이 생각해보면, 태양이 무슨 색인지 모르잖아요. 아이들이 실제로 태양이 뭔지 잘 모르는 경우도 있지 않겠어요?"라고 말했지만 어머니는 수긍하지 않았습니다. 딸이 사과를 파란색이나 초록색으로 칠하거나 나무를 검은색으로 칠하면 '그건 옳지 않아'라고 생각했습니다. 그래서 그림을 고치고 싶다고 말했죠. 어머니는 구체적으로 말하지 않았지만, 실제로 그림을 고쳤다고 해요.

그 영향 때문일까요? 마이는 어느 날부터 그림을 전혀 그리지 않게 되었습니다. 그 후 마이가 일곱 살이 되어 초등학교에 들어갔을 때, 액시스가 개최하는 '아이와 함께하는 날' 행사에 참가하게 되었습니다. 부모와 떨어져 아이들끼리 즐기는 기획으로, 물감을 섞어 캔버스에 유화풍 그림을 그리는 것이었습니다. 시작하자마자 다른 아이들은 와 하면서 그림을 그리기 시작했지만, 마이는 도무지 그림을 그리려고 하지 않았습니다. 직원이 몇 번이나 "오늘은 엄마가 (이곳에) 안 올 거야"라고 말하자 겨우 붓을 들었습니다.

그렇습니다. 그림을 그리기 시작한 것입니다. 완성된 그림은 정말 훌륭했습니다. 스태프는 물론 다른 아이들도 모여들 정도로 역동적인 추상화였어요. 초등학교 1학년이 그린 그림이라고는 도저히 믿기지 않을 정도였죠. 다른 아이들은 남자아이라면 공룡이나 자동차, 여자아이라면 친구나 가족과 함께 꽃밭을 그리는 경우가 많았는데, 마이의 그림은 종이를 뚫고 나갈 것 같은 힘이 있었습니다. 저 또한 "대단해! 천재야!" 하며 깜짝 놀랐습니다. 그러자 마이는 기뻐서인지 새로운 캔버스 가득 그림을 채워 넣기 시작했습니다.

사실 마이는 학교에서 선생님이 지명하지 않았는데도 발언하는 등 부적응적인 면이 있었습니다. 그런 특성이 두드러진 편은 아니었지만, 선생님에게 지적받는 일이 많았고, 그것이 싫었던 어머니는 지나치게 많이 간섭했어요. 그 때문에 마이의 불안은 점점 커져만 갔습니다. 엄마에게 꾸중을 들으면 비명을 지르며 30분 이상 울어댔습니다.

그림 그리기 행사에 참가한 후, 어머니와 여러 상의를 한 끝에 마이를 자유롭게 공부할 수 있는 사립 초등학교로 전학시켰습니다. 그곳에서는 선생님이 자유롭게 행동하도록 해주었고, 어머니도 전혀 억압하지 않았어요. 전학 전에는 분실물이 많아 늘 간섭했는데, 그러지 않으니 마이는 많이 성장했습니다. 부모님께 신뢰받고 있다고 느꼈기 때문인지 매우 주체적으로 행동하게 되었습니다. 그 후로는 학교에서도 문제 행동을 전혀 하지 않았고, 공부도 스스로 해나갔습니다. 이전 학교에서 단 한 번도 숙제를 한 적이 없었다는 사실이 거짓말 같았습니다. 학교는 사립이라 과목별, 능력별로 반이 나뉘어 있다고 합니다. 마이는 우리에게 "저는 기하와 대수학 성적이

제일 높은 반이에요. 그리고 과학도 1등이에요"라고 자랑스럽게 이야기했습니다.

어머니도 백팔십도 달라진 마이의 모습이 믿기지 않는다고 합니다. "초등학교 1학년 때는 그렇게 잔소리를 해도 아무것도 할 수 없었는데, 지금은 말하지 않아도 잘할 수 있게 되어 놀랐어요."

교육 현장에서도 성적을 올리기 위해서는 '아이에게 위기감을 심어주는 것이 중요하다'고 말합니다. 앞서 말한 대로 그것은 사실입니다. 그러나 우리 이론으로 말하자면, 그 방식이 유효한 시기는 10세 이후입니다. 게다가 전두엽이 제대로 작동하고 두뇌의 기초가 다져진 아이에 한해서만 가능합니다. 그런데도 걱정이 많아 아이를 믿지 못하는 고학력 부모 중에는 토대를 미처 다지지 못했는데 스트레스만 주는 경우가 있습니다.

제가 만난 가정 중에는 어머니가 새벽 2시까지 공부하는 아이의 옆에 앉아 감시하는 경우도 있었습니다. 적절한 시간대에 충분한 수면을 취하지 못하는 아이에게 위기감만 심어주면 그것은 나쁜 스트레스가 됩니다.

반면 좋은 스트레스가 작용하는 것은 이런 경우입니다. 무단결석을 하던 고등학생이 액시스에 다니면서 생활 리듬이

잡혀갈 무렵 "1년 더 휴학하고 싶어요"라고 어머니에게 털어놓았다고 합니다. 그러자 어머니는 "어머, 스스로 생각해서 그런 결론을 내렸어? 대단하네"라고 웃으며 말했다고 합니다. 그러자 딸은 안심이 된 듯 "그래도 친구들과 공부하고 싶고, 학교도 가고 싶어요. 아르바이트도 하고 싶고요"라며 스스로 일자리를 찾아 나섰습니다.

어머니는 "직접 면접을 보러 가길래 깜짝 놀랐어요. 그토록 사람을 싫어한다고 했는데"라며 놀라워했습니다. 어머니에게 인정받은 것이 딸로 하여금 '이대로는 안 된다'고 스스로에게 스트레스를 주는 계기가 된 것이죠. 멋지게 좋은 스트레스를 작동시킨 셈입니다.

부모에게 인정받음으로써 자녀가 얻는 힘은 우리가 상상하는 것보다 훨씬 큽니다. 이렇듯 '있는 그대로의 자녀 모습을 인정하는' 행위는 자녀에 대한 신뢰가 없으면 실현할 수 없습니다. 부모가 자녀를 신뢰하면, 좋은 스트레스와 주체성의 힘이 자녀를 성장시켜줍니다.

3장

상처받기 쉬운 고학력 부모와 자녀

주변에 손을 내밀고 싶지 않다고 생각한다면, 주위 사람들 덕분에 살고 있음을 실감할 수 없죠. 그러면 무언가가 삐걱거리고 마음이 툭 하고 무너질 때 아무에게도 기댈 수 없게 됩니다. 이래서는 회복 탄력성을 발휘할 수 없어요.

엄마의 망령에 시달리는 고학력 부모

"언제까지 자고 있을 거야? 빨리 일어나라. 너, 오늘도 학교에 안 갈 거야?" 어머니의 성화에 유키 씨는 벌떡 일어났습니다. 밤마다 잠자리에 들어 잠을 자려고 하면 언제나 화난 엄마가 깨우러 오는 꿈을 꾸었습니다.

대학교수인 유키 씨는 딸이 무단결석을 하자, 저를 찾아왔습니다. 사립 중학교에 다니는 딸의 생활 리듬을 바로잡고, 유키 씨의 지나친 간섭을 자제시키자 상황은 눈에 띄게 호전되었습니다. 유키 씨의 딸은 다시 등교했습니다.

딸은 활기를 되찾았지만, 유키 씨의 표정은 여전히 어두웠습니다. 궁금해서 물어보니 6년 전 돌아가신 어머니의 목소리가 갑자기 들리기도 하고, 어머니가 화를 내는 꿈 때문에 자다가 벌떡 일어나기도 한다고 했습니다. 어떤 분이었는지 물었더니 "학원 선생님이었고, 교육열이 꽤 높은 어머니였어요"라고 이야기했습니다. 어머니도 고학력으로, 아버지와 함께 대형 학원 강사로 근무했죠.

유키 씨는 중학교 입시에 실패해서 공립 중학교에 입학하자마자 학원에 다녔습니다. 시험 점수와 성적이 나쁘면 벌로 저녁을 먹지 못했다고 합니다. 친구 사귀는 것, 남녀 교제에도 간섭을 받았습니다. "학원 강사의 자녀가 이런 점수를 받으면 안 되지" "너는 전혀 노력하지 않아. 그래서 넌 안돼" 하는 식으로 늘 부정당하며 자랐다고 합니다.

"어머니 같은 부모가 되지 않겠다고 생각했지만, 결국 두 아이 모두 (중학교) 입시를 시켰어요. 딸이 실패하거나 잘 안되면 '그래서 넌 안돼'라는 어머니의 목소리가 들려요." 이는 트라우마(정신적 외상), 즉 깊은 마음의 상처가 아물지 않아 생기는 증상입니다. 유키 씨의 딸이 어렸을 때, 아직 건재했던 어머니는 "이 아이는 너를 닮아서 움직임이 너무 느리구나. 엉덩이를 때려주지 않으면 큰일 날 거야"라고 강한 어조로 말씀하셨다고 합니다. 마음속으로 '그게 무슨 큰일이야? 아무것도 모르면서'라고 독설을 퍼부었지만, 어머니의 말을 거스른 것은 단 한 번뿐이었습니다. 대학 입시 때 어머니가 권유한 교육학과가 아닌, 자신이 관심 있는 '환경 보전'을 배울 수 있는 대학을 선택한 것이었습니다. "그때도 엄청 혼났어요. 어머니에게 칭찬받은 기억은 없어요. 아직도 어머니의 망령이 따라다니는 것 같아요."

유키 씨는 딸을 낳은 후 남편과 이혼했습니다. 당시 어머니를 좋아하지 않았는데도 친정에 손을 벌렸습니다. "어머니도 '(친정으로) 돌아오면 어떻겠니? 어린아이도 있는데'라고 말씀하셨어요. 아버지가 일찍 돌아가셔서 어머니도 혼자 외로울 것 같아서…." 함께 있으면 자기가 상처받을 게 뻔한데도, 부모와 절연할 수 없었던 거죠. 공의존 관계는 어른이 되어서도 계속되었습니다. 게다가 예상보다 더 많은 문제가 이어지면서 유키 씨는 우울증 증세를 보여 하루 종일 잠만 잔 적도 있다고 합니다. 어머니도 손녀를 돌보는 것이 너무 힘들다고 손드셔서, 유키 씨는 직장을 옮기는 타이밍에 맞춰 친정을 떠났습니다. 그런데 떠난 지 얼마 지나지 않아 어머니가 갑자기 돌아가셨습니다.

유키 씨가 아직도 힘들어하는 것은 '너는 안되는 아이'라는 어머니의 메시지가 아직 남아 있기 때문입니다. 부모의 영향은 좋은 쪽으로든 나쁜 쪽으로든 평생 가는 법이죠. 그녀는 스스로 '아니, 그렇지 않아. 나는 사회적으로 인정받고 있고, 딸도 회복했어. 나는 괜찮아'라고 생각하지만, 갑자기 환청을 듣거나 어머니가 화내는 꿈을 꾸면서 마음에 상처를 입는 것은 어쩔 수 없습니다. 어머니가 돌아가신 후, 마지막을 지켜주지 못했다는 죄책감으로 악몽을 꾸는 것일지도 모르죠. 유키 씨도 수면 개선이 필요할 듯합니다.

고학력을 강요하는 '리벤지형 자녀 양육'

자녀 양육을 자신의 인생에 대한 복수처럼 여기는 사람도 있습니다. 자신보다 더 나은 학력을 쌓고, 더 나은 삶을 살길 바란 나머지 간섭-모순-맹목적 사랑을 계속합니다. 그러다 보면 부모가 자녀의 삶을 자신의 보람으로 여기게 됩니다. 즉 의존하는 것이죠. 가장 바람직하지 않은 패턴이라고 봅니다.

복수심에 불타는 부모는 육아에 초조해하다 보니 아주 어릴 때부터 아이를 학원에 보내는 등 조기교육에 치중하는 경향이 있습니다. '일류 대학 합격'을 최종 목표로 삼고 아이도 부모 말에 따라서 열심히 목표를 달성합니다. 그 직후에 의욕이 급격히 떨어져 대학에 갈 수 없게 되거나, 졸업 후 무너져

버리는 경우도 종종 있죠. 자녀가 성인이 되고 나서야 부모는 양육 방식이 잘못되었다는 것을 깨닫게 됩니다. 이런 실수를 하는 부모가 적지 않습니다.

아이코 씨는 딸이 세 살 때부터 체조 교실에 다니게 했습니다. 초등학교에 들어가면서 일주일 내내 체조를 시키고, 회화를 포함한 영어, 피아노 등 일주일에 과외를 아홉 개씩이나 시켰습니다. 그 덕분인지 딸은 체조뿐만 아니라 스포츠라면 무엇이든 잘했습니다. 학업 성적도 톱클래스로, '신동'으로 불리곤 했습니다.

아이코 씨는 '기계체조로 올림픽에 나간다'는 목표를 세웠습니다. 중학교 입시도 희망하는 학교에 무난히 합격했습니다. 이때 아이코 씨의 목표는 '기계체조로 올림픽 출전을 목표로 하면서 국립대학 의과대학에 합격하는 것'으로 더욱 구체화되었습니다. 남편이 의사였기 때문입니다.

하지만 신동의 기적은 아동기에 한정되기 쉽습니다. 고등부에 진학해 학력별 반 편성을 했는데, 하위권 반에 들어가게 되었습니다. 그때부터 체조도 하지 않게 되었습니다. 눈에 보이는 결과에만 주목하는 아이코 씨와 딸의 관계는 당연히 험악해졌습니다. 그 결과 딸은 체조도 그만두고 과식과 비행을 일삼으며 무단결석과 가출을 반복했습니다. 자기 힘으로는 손쓸 수 없다고 생각한 아이코 씨는 먼 곳에 사는 어머니 댁에 딸을 맡겼습니다.

고등학교에 다닐 수 없게 된 딸은 통신 고등학교로 전학했습니다. 그 후 어머니와 할머니가 선택한 물리치료사 양성 학과에 입학했지만 6개월 만에 자퇴했습니다. 지금은 남자와 동거하고 있는 것 같지만, 주소는 알려주지 않는다고 합니다.

현재 아이코 씨의 가족은 뿔뿔이 흩어졌습니다. 아이코 씨와 남편이 나간 집은 폐허나 다름없습니다. 자녀가 성인이 된 후 잘못된 양육 방식이 표면화되어 가족 전체의 문제가 되는 전형적인 경우입니다.

사실 아이코 씨는 청소년기에 의대를 목표로 했지만 꿈을 이루지 못했습니다. 이때 느낀 좌절감이 트라우마로 남았다고 합니다. 이후 유명 여자대학의 다른 학부에 입학했고, 졸업한 후 얼마 지나지 않아 의사 남편과 결혼했습니다.

의사 집안에서는 아이도 당연히 의사가 될 거라고 생각하는 경향이 있습니다. 의사 남편과 결혼한 아이코 씨는 아이를 의사로 만들어 자신의 트라우마를 해소하려 했는지 모릅니다. 바로 '리벤지형 육아'였던 것입니다.

리벤지형은
금세 소진된다

한 모자는 변호사를 꿈꾸고 있었습니다. 부모 모두 도쿄대 법대를 졸업했고 아버지는 변호사였습니다. 아들은 초등학교 때부터 밤늦게까지 스스로 공부했습니다. 고등학교 때는 유학을 가서 영어 실력을 키웠고요. 원래 유학하면 한 학년이 늦어지는데, 열심히 공부해서 학점을 취득해 유급하지 않고 졸업했습니다. 도쿄대 법대에 가기에는 시험 점수가 조금 부족해 다른 대학에 진학했지만, 재학 중 사법시험 합격을 목표로 고시 학원에서 다시 공부를 시작했죠.

그러던 중 아들은 대학교 3학년 여름방학 때 주변과 연락을 끊었습니다. 이후 졸업하고 일반 기업에 취직했습니다. 변호사가 되지는 못한 것이죠. 맹목적인 공부를 반복한 끝에 지쳐버렸기 때문입니다.

어머니는 사법시험을 포기한 것을 받아들일 수 없었던 모양인지 아들을 집에서 쫓아낸 것 같았습니다. 어렸을 때는 아들을 맹목적으로 사랑했습니다. 고등학교 때까지 아침저녁으로 어머니가 동행했고, 아들도 친구들과 노는 일이 없었습니다. 그야말로 공의존적인 관계입니다. 그런데 아들이 '자신은 부모의 대리물이 되었다'는, 부모의 리벤지형 교육 사실을 깨닫고, 이전에는 '엄마 덕분'이라는 감사한 마음뿐이었는데 갑자기 낙담과 증오라는 부정적 감정에 휩싸인 듯합니다.

부모도 변했습니다. 성과를 내지 못하는 자녀를 깨끗이 버렸습니다. 버린다는 말이 냉정한 표현일지 모르지만, 리벤지형 부모는 자녀에게 조건부 애정을 쏟는 경향이 있습니다. 자식은 자신의 소유물, 즉 '물건'이니까 '필요 없다'고 판단하면 버려도 된다는 식으로 생각하는 것 같습니다.

그 모습은 아이를 버림으로써 자신을 지키려는 듯 보이기도 합니다. 자신의 육아 방식이 잘못되었다는 사실을 인정할 수 없으니까요. 자신의 실패를 마주하는 것이 고통스럽기 때문에 필사적으로 자신의 '선善'을 보호하려고 합니다. 이 또한 고학력 부모에게 흔히 나타나는 트라우마라고 할 수 있겠죠.

물론 모두가 그렇지는 않습니다. 잘 타협하는 가정도 있을 것입니다. 한때 삐걱거려도 노력해서 부모와 자식 관계를 다시 구축하는 사람들도 있습니다. 다만 제가 본 바로는, 리벤지형 부모는 억압한 아이에게 나중에 뼈아픈 부메랑을 받게 됩니다. 부모가 어떤 스포츠나 학습을 강요했을 경우 '수험을 치르는 걸 원하지 않았다'는 말을 듣거나, '사실은 즐겁지 않았다'며 트라우마를 품은 아이의 눈물을 보게 되는 것입니다.

금전 감각이 부족한 고학력 부모

미국에서는 자녀 생일에 조부모 등 친척이 주식을 사주는 관습이 있습니다. 그래서 미국 아이들은 투자에 친숙해집니다. 자신의 힘으로 돈을 불려야 한다는 등 경제 교육을 일찍부터 받죠. 그렇게 돈에 대한 감각을 기르기 때문에 대학에 가고 싶은 고등학생은 장학금을 받기 위해 좋은 성적을 받으려고 안간힘을 씁니다.

반면 일본 아이들은 '돈은 필요할 때 필요한 만큼 부모에게 받는다' '대학은 부모가 가라고 하니까 가긴 하지만, 특별히 무엇을 공부하고 싶다는 생각은 없다'고 아무렇지도 않게 말합니다. 부모님이 학원비나 과외에 드는 비용 등 매달 몇만 엔씩 내고 있다는 자각은 전혀 하지 못합니다. 마음 내키는 대로 "오늘은 가기 싫으니까 쉴게요"라고 말하는 아이는 자신이 다니는 학원비를 벌기 위한 노동이 어떤 것인지 이해하지 못하는 것 같습니다.

이는 부모가 돈의 소중함, 즉 '돈의 가치'를 아이에게 심어주지 않고, 그 번거로움을 피하기 때문입니다. 그럼에도 왠지 모르게 '이만큼 자녀에게 돈을 쏟아붓고 있으니, 그 대가로 좋은 대학, 좋은 회사에 들어가 고소득자가 되었으면 좋겠다'고 기대합니다. 이런 모습은 커다란 왜곡으로 비칩니다. 자녀에게 돈의 가치를 이해시켜야 하는데도, 고학력 가정일수록 적절한 경제 교육을 하지 않는 경향이 있습니다. 부모가 고소득을 올리기에 경제적으로 여유가 있기 때문입니다. 그런 사람들은 다음과 같이 말합니다. "제가 받은 혜택을 자녀도 받게 하고 싶어요." "저는 학원에 다니며 중고등학교와 대학교를 졸업했으니 자녀에게도 그런 교육을 맛보게 해주고 싶어요."

이렇게 자신이 한 좋은 경험을 자녀도 하게 해주고 싶은 사람이 있는 반면, 부와 학력을 얻기 위해 노력한 고학력 부모 중에는 가난했던 기억이 트라우마로 남은 사람도 있습니다. 그들은 이렇게 말합니다. "아이들에게는 고생을 시키고 싶지 않아요." "돈 때문에 고생하게 하고 싶지 않아요." 전자와 후자 모두 자녀의 학원비는 아끼지 않습니다. 경제 교육을 받지 않아도 성공하는 아이가 있겠지만, 저를 찾아오는 부모와 자녀는 분명히 흔들리고 있습니다. 아이에게 돈을 쏟아부었는데 예상 밖의 결과로 이어집니다. 아이들이 '돈은 저절로 생기는 것이다'라고 생각해버릴지도 모르니 주의해야 한다는 가르침이 특히 부족한 것 같습니다.

구체적으로 말하자면, 용돈제를 실시하는 가정이 많지 않습니다. 자녀가 무언가를 원한다, 이것이 필요하다고 말하면 엄마는 사려는 물건을 잘 살피지 않고 돈을 건네줍니다. 더 나아가 3,000엔 정도 되는 물건을 원한다고 말하면, 5,000엔짜리 지폐 한 장을 건네고 끝냅니다. 거스름돈 2,000엔은 돌려주지 않아도 괜찮은 것이 됩니다. 백번 양보해서 필요한 걸 사주는 것은 좋지만, 구매 가격 이상의 돈을 주는 것은 생각해봐야 할 문제죠.

이런 허술한 경제관념은 자녀에게도 그대로 전해지는 것 같습니다. 제가 만난 아이들 가운데 부모님 지갑에서 돈을 훔치는 등 금전 문제를 일으킨 경우 대부분은 용돈제를 실시하는 가정이 아니었습니다. 소위 '은둔형 외톨이'로 불리는 성인 남성 중에는 '부모의 정강이가 없어질 때까지 갉아먹는다'는 말을 하는 사람도 있습니다. 제가 "부모님의 정강이가 없어지고, 돈이 다 떨어지면 어떻게 할 건데요?"라고 물으면 입을 꾹 다물어버립니다.

단적으로 말해 경제 교육의 실패가 가장 큰 이유라고 생각합니다. 앞에서 언급했듯 고소득층이 많기 때문에 소위 '자녀 양육비'가 무한대로 부풀어 오르는 것입니다. 자녀 양육비란 자녀 한 명을 성인으로 키우는 데 드는 돈을 말합니다. 〈양육비용에 관한 인터넷 조사 보고서(Like U)〉에 따르면, 초등학생을 키우는 데 드는 비용은 식비, 교육비 등을 포함해 월평균 약 10만 엔이라고 합니다. 연간으로 환산하면 120만 엔이므로, 가구 연 소득이 400만 엔이면 자녀 양육비는 약 30퍼센트를 차지합니다. 연 소득이 1,000만 엔이라면 가정경제에 여유가 있기 때문에 필요 이상으로 돈을 많이 쓰는 경향이 있습니다. 그런 부모는 '자녀의 행복을 위해서라도 돈 때문에 고생시키고 싶지 않다'고 말합니다.

하지만 저는 그것이 좋은 생각이 아니라고 생각합니다. 아무리 돈이 많아도 한계를 정하고 아이와 '그 이상은 쓰지 않는다'고 정해두는 것이 좋습니다. 한계를 정하는 방법 중 하나가 바로 용돈제입니다. '매달 정해진 돈만 사용할 수 있다' '비싼 물건을 사고 싶으면 저축한다' 같은 당연한 원칙을 어릴 때부터 경험하게 하는 것이 중요합니다. 그런 경험을 쌓지 못한 아이들 가운데 카드 빚을 지거나 사채 지옥에 빠지는 어른이 생겨나는 것이 아닐까 추측해봅니다.

고학력 부모의 자녀는 회복 탄력성이 낮다

현대사회에서 중요시되는 회복 탄력성, 즉 위기를 이겨내는 힘은 자기 긍정감, 사회성, 사회적 지지라는 세 가지 부분으로 구성되어 있습니다.

· 자기 긍정감: 무슨 일이 있어도 괜찮다고 생각하는 힘
· 사회성: 주변 사람들과 협력하면서 여러 문제를 해결하는 힘
· 사회적 지지: 주위 사람에게 도움받고 있음을 실감하는 힘

고학력 부모 밑에서 자라나는 아이의 자기 긍정감이 낮다는 점은 여러 사례를 들어 설명했습니다. 두 번째인 사회성 역시 결여된 듯한 인상을 받습니다. 저출산 시대인 지금, 형제가 있다 해도 두 명이 일반적이고 외동도 많은 듯합니다. 그 때문에 주변 사람과 협력해 문제를 해결할 기회가 줄어들고 있습니다. 그래서 예전보다 그에 관련된 방법론이나 소통 능력을 체득할 기회가 없는 것 같아요.

세 번째 사회적 지지가 가장 큰 문제라고 생각합니다. 고학력 부모는 혼자서 무엇이든 할 수 있는 것이 자립이라고 확신

합니다. 스스로 돈을 벌어 주거비, 광열비, 식비 등을 치르면 여전히 '여유로운 생활'이라고 여기기 쉽습니다. 즉 자립을 돈과 연결 지어 생각하는 것입니다.

예를 들어 고학력 부모에게 "자립이란 무엇입니까?"라고 물어보면, 많은 이가 "스스로 무엇이든 할 수 있는 것이죠"라고 대답합니다. 바로 그래서 보험을 든다는 의미로 높은 학력을 갖추도록 하고 싶은지도 모릅니다. 그러나 모든 것을 스스로 꾸려갈 정도의 수입을 얻을 수 있는지는 그 누구에게도 보증되지 않습니다. 게다가 '혼자 모든 것을 꾸려갈 수 있도록 한다'는 것은 자기 책임에 가까운 이미지입니다. 이런 자립의 이미지는 무언가를 왜곡시키고 있지 않은가요?

'경제적인 자기 책임이 자립의 커다란 요소다'라고 부모에게 배웠기 때문에 아이는 타인에게 도움을 청하지 못하게 될 수도 있습니다. '도움받는 것은 부끄러운 일이다. 다른 사람에게 업신여김당하고 싶지 않다. 나약한 자기를 보여주고 싶지 않다'라는 부질없는 자존심이 걸림돌이 되어, 사회적 지지를 받지 못합니다. 손을 내밀고 싶지 않다고 생각한다면, 주위 사람들 덕분에 살고 있음을 실감할 수 없죠. 그러면 무언가가 삐걱거리고 마음이 툭 하고 무너질 때 아무에게도 기댈 수 없게 됩니다. 이래서는 회복 탄력성을 발휘할 수 없어요.

요즘 특히 젊은이들에게 회복 탄력성이 많이 부족하다고 느껴질 때가 많습니다.

의과대학 학생이 해부 실습이 너무 싫어 무단결석해버린다는 이야기를 종종 듣습니다. 해부 실습은 필수죠. 의과대학을 졸업하기 위해 반드시 수강해야 하죠. 시신은 물론 시신을 기증한 유족에게도 감사하며 공부해야 합니다. 그리고 시신과 마주하고, 대화를 나눠야 합니다. 우리는 생명의 존엄성을 실감함으로써 비로소 의사의 길로 들어설 수 있습니다. 두려움이나 충격이 수반될 수 있지만, 의학계에 종사하는 사람의 기본자세입니다. 의과대학에 들어간다는 것은 시신을 포함한 인간의 몸, 생명과 마주하는 것입니다.

따라서 실습에 대한 부정적인 기분이 든다면 주변 사람들에게 "도와주세요"라고 말하면 해결 방법을 찾을 수 있습니다. 그러나 앞에서 말한 부질없는 자존심에 얽매이면 도움을 청할 수 없어요. 결과적으로 위기를 극복하지 못하고 맙니다. 사태가 악화되면, 장기 결석, 자퇴로 발전해버립니다. 그렇게 되는 배경에는 의사라는 직업이 아니라 고학력자가 되기 위해 의과대학에 입학한 경우가 적지 않은 듯합니다.

간호학과에도 실습을 이유로 자퇴하는 경우가 있습니다. 제가 아는 사람만 해도 여러 명이었어요. 실습이 너무 어렵다는 것이 이유입니다. 졸업해서 취직한 후 '여러 환자와 대화해야 하는 것이 고통'이라면서 그만두기도 합니다.

그러나 결국은 어떤 일이든 다른 사람과 마주하지 않으면 수행할 수 없습니다. 연구직은 팀으로 서로 협력해야 하는 면이 반드시 있죠. 프리랜서는 클라이언트 등 타인과 관계를 맺으면서 일감을 얻습니다. 사회성을 체득해 적절한 사회적 지지를 얻는 것은 인생에서 성공하는 데 반드시 필요한 요소입니다.

4장

고학력 부모는 '잘못된 조기교육'에 쏠린다

몸의 뇌가 자라기 전에 똘똘이의 뇌를 키우면 어떻게 될까요? 몸의 뇌 성장이 부실하면 똘똘이의 뇌와 마음의 뇌를 아무리 쌓아도 균형을 잃을 위험이 있습니다.

다섯 살 아이에게 사인-코사인을
배우게 하는 고학력 부모

요즘에는 고학력 부모일수록 아이에게 조기교육을 시키려고 합니다. 특히 외동의 경우 '실패해서는 절대 안 된다'는 생각에 어릴 때부터 유아 교실에 다니게 하기도 합니다. 예를 들어 세 살짜리 아이에게 구구단을 가르치는 유아원이 있었습니다. 매일 외우게 하면 어느새 말할 수 있게 되죠.

"우리 아이는 사인-코사인을 풀 때 자꾸만 틀려요"라며 난처한 표정으로 말하는 어머니의 아들은 다섯 살이라고 했습니다. 그러자 다른 한 분이 "우리 아이는 이차함수에서 헤매고 있어요"라고 말합니다. '정말 이차함수를 푼다고?'라며 의아해하겠지만 이것이 현실입니다.

다섯 살 아이의 사인-코사인도 이차함수도, 세 살짜리의 구구단도 제게는 거의 의미가 없습니다. 아이들은 내용을 이해하지 못하고 단순히 암기할 뿐이니까요. 부모님도 무엇을 위해 이렇게 하는지 물어보면 저절로 답이 나올 텐데, 깨닫지 못합니다. 한 어머니는 '아이의 행복을 위해 하고 있다'고 대답했습니다. 아이 잘되라고 한다는 것입니다. '장래에 문제가 생기지 않도록 지금부터 하고 있단 말이야. 그게 뭐가 문제야?'라고 생각하는 것이죠. 그러나 그렇다면 어린 시절인 '지금'이 인생의 최고점에 도달한 아이로 키우지 못하는 것이죠.

조기교육에 열심인 고학력 부모의 의견이 저와 일치하는 경우도 있습니다. 바로 '아이는 가능성 덩어리'라고 생각하는 점입니다. 다만 방법론이 다릅니다. 쉽게 말해 그런 부모는 '뇌를 키우는 순서'를 완전히 잘못 알고 있습니다. 이 '순서'만 잘 지키면 아이의 잠재력을 충분히 끌어낼 수 있을 텐데 말입니다. 이 장에서는 올바른 두뇌 발달 순서를 실례를 들어 설명하겠습니다.

주 여섯 번의 과외를 한
다케시의 사례

다케시는 연구직에 종사하는 아버지와 의료계 전문직에 종사하는 어머니 사이에서 태어난 외동아이입니다. 두 살 때부터는 유아체조 교실, 세 살 때부터는 유아 학습과 피아노, 그리고 영어 회화 수업에 다니게 했는데, 어디에서든 즐겁게 활동했고, 선생님 역시 재능이 있다며 칭찬을 아끼지 않았습니다. 본인이 싫어하지 않고 부모님도 기대가 컸기 때문에, 다케시를 열심히 데려다주면서 일주일에 여섯 번씩 수업을 받게 했습니다.

다케시는 한 살부터 다닌 어린이집에서 가만히 있지 않는 경우가 많았지만, 원래 자유로운 분위기의 어린이집이었기 때문에 특별히 눈에 띄는 일은 없었습니다. 오히려 다른 아이에 비해 지식이 많아 반장 같은 존재였다고 합니다. 그런데 초등학교에 들어가자마자 모습이 달라졌습니다.

저학년 때부터 수업 중에도 교실을 돌아다니거나 반 친구에게 폭력을 쓰고, 숙제도 하지 않고, 물건을 자꾸 잃어버리는 일이 담임선생님을 통해 자주 보고되었습니다. 부모님은 담임선생님에게 "가정에서 잘 지켜봐주세요"라는 말을 듣고 고민하며 가능한 만큼 관여하기로 결심했습니다.

초등학교 4학년 무렵에는 어머니가 집에서 관리할 수 있는 부분에 대해 상당히 엄격하게 챙겼습니다. 원래 부모님은 '초등학교부터 대학까지 공부에 어려움을 겪은 적이 없는' 분들이었기 때문에 다케시의 학교생활에 아주 당황스러웠지만, '안 되면 우리가 관리할 수밖에 없다'고 생각했다고 합니다.

학교에서 돌아오면 먼저 양치질과 손 씻기부터 합니다. 그 후 간식을 먹고, 가방을 챙긴 다음 숙제를 꺼내 함께 책상 앞에 앉습니다. 다케시가 집중하지 못하고 흐트러지면 엄하게 꾸짖거나 격려하면서 계속하게 합니다. 숙제가 끝나면 어머니는 저녁 식사를 준비합니다.

숙제가 끝날 때까지는 게임을 금지하는데, 숙제가 끝나면 잠자리에 들기 전까지 게임을 하도록 허락했습니다. 다케시는 힘든 공부에서 해방되고 나면 게임만 했습니다. 예전에는 좋아하던 피아노도 지금은 전혀 연습하지 않았습니다. 아침에는 다케시가 일어날 때까지 재웠고, 학교 갈 준비는 매일 어머니가 대신 해주고 있었습니다.

그 후 아이의 문제 행동은 개선되기는커녕 점점 심해졌습니다. 집에서 학습할 때 부모가 간섭하면 발끈하며 식기와 가구를 던지기도 했어요. 이렇게 되기 직전, 부모와 아이는 액시스와 인연을 맺었습니다. 저는 다음과 같이 조언했습니다.

'매일 저녁 7시에 저녁 식사를 시작할 것.' '밤 9시에는 잠자리에 들 것.' 단순한 생활 습관을 제안했기 때문에 다케시는 거부감 없이 받아들였습니다.

또 저는 부모님께 가끔 저녁 식사를 준비할 수 없는 상황을 만들어 다케시에게 도움을 청하라고 말했습니다. 도와주면 잊지 않고 "고맙다"는 감사의 말을 하도록 부탁했고요. 아버지에게는 저녁 식사 시간에 맞춰 일찍 귀가해 가족이 함께 식탁에 둘러앉아 식사하는 시간을 갖도록 부탁했습니다.

어떻게 되었을까요?

다케시가 서서히 자율적으로 행동하기 시작했습니다. 어머니는 예전처럼 시중들 듯 돌보지 않게 되었고, 밤 9시까지 잠자리에 들기 위해 언제 게임을 그만두어야 할지도 스스로 생각하게 되었어요. 초등학교 5~6학년을 지나 중학생이 될 무렵에는 문제 행동을 했다고 생각되지 않을 정도로 활기찬 모습을 보여주었습니다.

최근에는 어머니, 아버지에게 "다케시가 스스로 생각한 말을 끄집어낼 수 있도록 도와주세요"라고 조언했습니다. 그러자 다케시는 점차 더 자율적으로 행동할 수 있게 되었고, 고등학교에 들어갈 때 "동물과 관련된 연구를 하고 싶다"며 이

과를 선택했습니다. 현재는 대학에서 꿈을 이루기 위해 공부하고 있습니다. 문제아로 불리던 다케시가 달라진 이유는 무엇일까요?

뇌에는 자라나는 순서가 있다

인간이 살아가기 위해 필요한 기능의 대부분은 뇌가 담당합니다. 그래서 육아를 '뇌 키우기'라고 표현해도 무방할 정도입니다. 뇌를 바르게 키울 수 있었기 때문에 다케시가 변화하는 것이 가능했습니다. 목을 가누기 전에 말하는 아이가 없듯, 뇌 발달에는 단계가 있습니다. 따라서 두뇌를 발달시키는 데는 지켜야 할 순서가 있습니다.

아이가 태어나서 5세 무렵까지는 '몸의 뇌' 부분을 먼저 키워야 합니다. 잠자고, 일어나고, 먹고, 몸을 움직일 때 사용하는 뇌입니다. 주로 내장 기능과 자율 기능을 조절하는 시상하부 등 간뇌와 뇌간을 포함한 부위를 말합니다.

태어났을 때는 잠만 자고, 밤낮을 가리지 않고 울면서 젖이나 우유를 달라고 합니다. 점차 밤에 깨지 않고 통잠을 자게

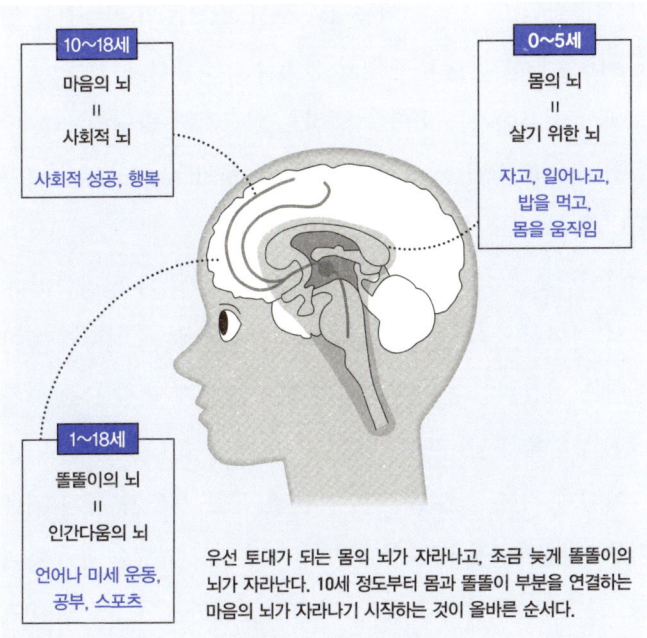

뇌 발달은 순서가 중요하다

되죠. 다음에는 목을 가누고, 뒤집기를 하고, 앉고 기어다닐 수 있게 됩니다. 그러다 보면 아침에는 가족과 함께 일어나고, 밤이 되면 잠자고, 밥을 세 번 먹고, 희로애락을 표현합니다. 즉 사람이 태어나서 가장 먼저 시작하는 것이 바로 뇌의 발달입니다.

몸의 뇌가 자라는 시기를 따라잡듯 1세부터 '똘똘이의 뇌'

가 성장합니다. 주로 언어능력과 사고, 스포츠의 기술적인 영역(미세 운동)을 담당하는 대뇌 신피질을 말합니다. 초등·중학교에서 이루어지는 학습을 중심으로 급격히 발달하는데, 당연히 개인차가 있죠. 대체로 18세 정도까지 시간을 두고 성장합니다.

마지막으로 10세부터 18세까지 '마음의 뇌'가 성장합니다. 대뇌 신피질 중에서도 가장 고도의 기능을 하는 전두엽을 이용하는 인간적인 논리적 사고가 필요한 문제 해결 능력과 관련된 부분을 말합니다.

이렇게 뇌는 3단계로 성장하는데, 많은 부모가 몸의 뇌를 키우지 않고 마음의 뇌와 똑똑이의 뇌 기능 발달을 추구합니다. 그 점이 고학력 부모가 육아에 실패하는 주요인입니다. 다케시도 마찬가지였습니다.

다케시의 두뇌 발달이 실패한 원인은 유아기에 몸의 뇌 키우기를 소홀히 한 데 있습니다. 어머니는 풀타임으로 일하면서 아이를 각종 유아 교실에 보내느라 늘 시간에 쫓겼습니다. 다케시가 세 살에서 다섯 살 무렵에는 밤 8시 넘어 저녁 식사를 하는 것이 보통이었고, 그 후 목욕하고 잠시 쉬고 잠자리에 들어가는 시간은 빠르면 밤 10시, 때로는 11시였다고 합니다. 똑똑이의 뇌가 자라는 것에 반해, 몸의 뇌는 제대로 자라지 않는 불균형한 상태가 되었다고 할 수 있습니다.

아이는 부모의 언행을 보고 자라납니다. 일찍 자고 일어나고 아침밥을 꼭 챙겨 먹는 것을 실천하기 위해 노력하는 부모인지 아닌지에 따라, 함께 생활하는 가운데 가치관이 각인되어갑니다. 나중에 설명하겠지만, 사물을 보는 방식, 말하는 내용, 아이에게 보여주는 표정, 함께 놀아주는 방법 중 하나만으로도 아이에게 미치는 영향은 헤아릴 수 없을 정도로 큽니다.

공부보다 더 중요한 것이 있다

몸의 뇌가 자라기 전에 똑똑이의 뇌를 키우면 어떻게 될까요? 어린 시절에는 부모의 말을 잘 듣고 우수했던 아이가 초등학교 고학년 이후에는 무단결석을 하거나 불안 장애 등 마음의 문제를 일으킬 위험이 커집니다.

다케시의 사례에서도 알 수 있듯 뇌를 키우는 순서를 소홀히 하면 큰 낭패를 보게 되죠. 몸의 뇌가 탄탄한 기초를 다지고, 그다음에 똑똑이의 뇌, 마음의 뇌가 성장하는 것이 좋은 두뇌 발달 단계입니다. 몸의 뇌 성장이 부실하면 나중에 똘똘이의 뇌와 마음의 뇌를 아무리 쌓아도 균형을 잃을 위험이 있습니다.

예를 들어 2층이 거실인 단독주택에 산다고 가정해봅시다. 당신이 원하는 것은 거실에 놓을 멋진 소파나 큰 화면의 TV라고 합시다. 그런 물건을 원하는 것이 잘못되었다고 생각하지는 않지만, 건물 1층(=몸의 뇌)이 2층(=똘똘이의 뇌)에 비해 너무 작은데 2층에 이것저것 잔뜩 채워 넣으면 무너져 내릴 수 있습니다. 어쩌면 2층에 굳이 물건을 넣지 않는다 해도 아주 작은 지진에도 집이 붕괴해버릴지 모릅니다. 대지진이라도 일어나면 가족 모두가 깔립니다.

1층, 즉 몸의 뇌가 제대로 만들어져 있으면 초등학생 아이도 밤이 되면 잠자고, 아침이 되면 일어나서 "배고파요!"라면서 아침밥을 먹습니다. 그러고는 만족스럽고 행복해져 "다녀오겠습니다!" 하면서 신나게 학교에 갑니다.

언뜻 보기에 매일 아침 일어나서 학교에 가는 아이라고 해도, 사실 아침에 잠에서 덜 깬 아이를 억지로 일어나게 하거나, 배가 고프지 않은 아이에게 밥을 먹이려고 하는 가정이 압도적으로 많다는 사실이 초등학생을 대상으로 한 조사에서 밝혀졌습니다.

혹시 당신은 몸의 뇌(1층)를 잘 키우지 못하면서 아이에게 학습이나 스포츠(2층)를 무리하게 시키고 있지는 않습니까? 물론 아이가 하고 싶어 하면 부모 입장에서는 시키고 싶어집니다. 능력을 키우는 데 힘을 쏟는 것은 좋지만, '균형이 깨진 뇌로 자라고 있지는 않은지' 간과하지 말아야 합니다.

부모님에게 "어떤 아이로 키우고 싶으세요?"라고 물으면, "몸이 튼튼하면 괜찮아요"라고 답하는 사람은 거의 없습니다. '규칙적으로 호흡하고, 심장박동이 너무 빠르지도 느리지도 않고, 근력이 적당히 있고, 위험으로부터 자신을 지킬 수 있을 정도의 운동신경이 있다. 밤이 되면 푹 자고, 아침에 씩씩하게 일어나고, 항상 웃으며 활기차다.' 그런 아이가 좋다고 말하는 부모님을 만난 적이 없습니다. 하지만 그게 가장 중요한 겁니다. 그 토대 위에 모든 것이 자리를 잡기 때문입니다. 저에게 "어떤 아이로 키우고 싶은가요?"라고 묻는다면 다음과 같이 답하겠습니다.

첫째, 몸의 뇌 시기에는 '원시인 같은 아이'
둘째, 똘똘이의 뇌 시기에는 '학교 공부 이외의 지식욕이 있는 아이'
셋째, 마음의 뇌 시기에는 '상대의 마음을 읽을 수 있는 아이'

원시인 같은 아이로
키운다

'몸으로 배우는 뇌' 시기에 부모의 역할은 무엇보다 '주행성동물'의 리듬을 뇌에 익히게 하는 것입니다. 주행성동물이란 야행성동물과 반대되는 개념으로, '아침에 해가 뜨면 활동을 시작하고, 해가 지면 잠자는' 생활을 하는 동물을 가리킵니다. 인간은 인간이지만, 아직 현대인과는 거리가 먼 원시인 같은 이미지입니다.

간단히 말해 아기가 태어나서부터 부모가 하는 '육아'는 5세까지 훌륭한 원시인을 만드는 것이라 해도 과언이 아닙니다. 이것이 바로 몸의 뇌를 키우는 것입니다. 5세까지 동물적 본능, 즉 살아남기 위해 환경에 적응할 수 있는 힘을 길러야 합니다.

예를 들어 '저기 덤불이 움직이고 있다. 바스락거리는 소리가 난다. 적이 있을지도 몰라' 하면서 대상을 분별하는 시각과 청각, 무언가 냄새가 난다고 느끼는 후각, 어떤 열매를 주워 먹었을 때 맛이 이상하다, 먹으면 안 된다고 느끼는 미각, '바람이 축축하니까 비가 내리겠구나' 하고 감지하는 촉각 등 오감을 사용해 몸을 보호하는 것입니다.

그렇게 해서 안전을 확인하면 긴장을 풀고 하루 세 번 정확하게 배가 고프다고 느끼고 자발적으로 식사를 합니다. 시시각각 변하는 기온과 습도에 적응하기 위해 자율신경을 작동시켜 체내 환경을 유지할 수도 있죠. 적이 나타나면 감정을 드러내며 분노하고, 두려워하고, 도망치고, 싸웁니다. 이것이 원시인의 힘입니다. 본능이라고 할 수 있죠. 이 힘을 키우기 위해 어른이 매일의 '생활' 속에서 뇌에 계속 자극을 주는 것이 몸의 뇌 키우기입니다.

또 이 시기에는 몸의 뇌에 기지를 둔 세 가지 기초 신경전달물질인 도파민, 세로토닌, 노르아드레날린의 분비를 촉진하는 것이 중요합니다. 이 세 가지가 함께 작용해 살아가기 위해 필요한 힘의 토대를 만들어줍니다. 이 3대 신경전달물질은 태어나서부터 5세까지 충분히 분비되는 것이 중요합니다. 뇌에 좋은 자극을 충분히 주면 고도의 신경망이 형성되면서 마음의 뇌를 키우는 시기가 되면 스트레스에 강하고 논리적으로 사고하는 능력과 억제력이 높은 뇌가 됩니다.

그렇다면 원시인의 두뇌를 만드는 데 열쇠가 되는 것은 무엇일까요? 현대사회에서는 '나이에 맞는 충분한 수면 시간'이라고 할 수 있습니다. 강연회에서 이야기를 나누다 보면 "우리 아이는 잘 자고 있는데요?"라고 말하는 분들이 있습니다. 사실 '잘'이라는 말이 의심스럽습니다.

'아이는 여덟 시간 정도 자면 좋다'고 생각하는 분이 많은 것 같습니다. 5세 유아와 초등학교 고학년을 똑같은 기준으로 생각하죠. 성인의 적정 수면 시간이 여섯 시간이나 일곱 시간 정도니 아이는 여덟 시간이라고 생각하는 것입니다. 그러나 연령에 따라 필요한 수면 시간과 권장 취침 시간이 정해져 있습니다. 두 가지 모두 과학적·의학적 근거에 기초합니다.

먼저 수면 시간부터 살펴봅시다. 소아과 교과서에는 5세 아이는 11시간 동안 잠을 자야 제대로 성장한다고 나와 있습니다. 거기에 더해 수면의 '시간대'가 중요합니다. 오후 7시에 취침, 오전 6시에 기상하는 것이 바람직하다고 여깁니다.

그러나 요즘 일본의 현실을 보면 오후 7시 취침은 대부분의 가정에서 불가능에 가깝기 때문에 저는 오후 8시에 취침하고 오전 6시 기상해 10시간을 목표로 하라고 권유합니다. 그 이유는 원시인은 '해가 지면 자고 해가 뜨면 일어나는' 습관이 있기 때문입니다. 참고로 초등학생의 경우 교과서적으로는 10시간의 수면을 권장하지만, 저는 오후 9시에 취침하고 오전 6시에 기상해 9시간 수면을 목표로 하라고 이야기합니다.

"우리 아이는 잘 자고 있어요"라고 말하는 분들의 이야기

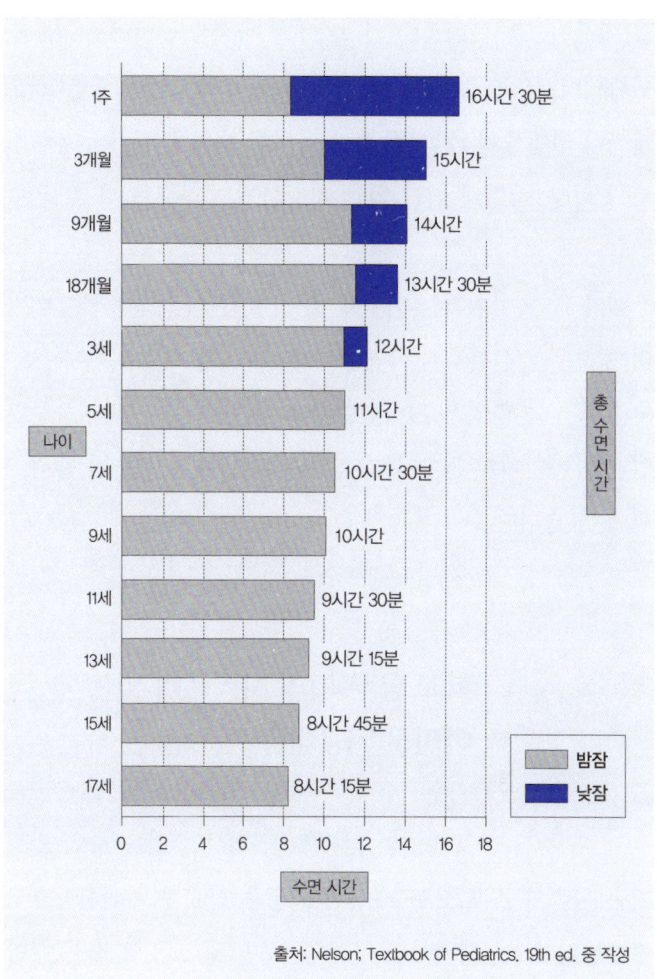

아이에게 필요한 표준 수면 시간

를 자세히 들어보면 아이가 밤 11시 이후에 취침하는 경우도 있습니다. 또 잠을 자는 것 같지만 뒤척임이 많아 얕은 잠을 자거나 한밤중에 깨는 등 깊고 올바른 수면을 취하지 못하기도 합니다. 이렇게 되면 뇌가 건강하게 자라고 있다고 볼 수 없습니다.

해가 뜨는 아침 6시 전후에 일어나 활동을 시작하고, 해가 지는 오후 7시 전후에 활동을 마친 후 오후 8시에 잠이 드는 수면의 골든 타임은 원시인이라고 볼 수 있는 주행성동물인 인간의 아이에게 필수 불가결한 두뇌 발달의 기초가 된다고 할 수 있습니다.

학교 공부 외의 지식욕이 있는 아이로 키운다

똘똘이의 뇌 발달의 핵심인 초등·중학교 시기는 학습과 스포츠 등 다양한 활동을 학교와 과외활동으로 수행합니다. 이 시기에도 아이의 '수면'을 소홀히 해서는 안 됩니다. 기초가 되는 몸의 뇌 키우기를 계속하지 않으면 여러 위험에 노출될 수 있습니다.

수면이 부족하면 잠자는 동안 생성되는 성장호르몬이 분비되지 않아 뼈와 몸의 성장이 저해됩니다. 방과 후 축구나 수영 교실 등 학원에 다니느라 잠자는 시간이 늦어지면 저신장이나 골절의 위험성이 높아집니다. 또 어린 시절 충분한 수면을 취하지 못한 아이는 사춘기 이후 비만, 우울증, 조기 월경 등을 겪을 위험성이 높아진다는 보고가 전 세계적으로 나오고 있습니다.

특히 수면 후반부에는 매일 새롭게 들어오는 정보를 정리정돈해 고착시키는 중요한 기능이 작동합니다. 이것이 똘똘이의 뇌를 키우는 데 필수적인 조건입니다. 즉 충분한 수면을 취하지 않으면 학습 기능에도 악영향을 미칩니다.

그런데 거듭 말하지만, 고학력 부모일수록 조기교육에 치중하는 경향이 있습니다. 어렸을 때부터 학원에 보내거나 과외를 시키고 수면 시간을 줄였던 다케시의 예를 떠올려보세요. 그 아이와 같은 생활을 하는 원인은 두 가지로 생각할 수 있습니다.

먼저 '(조기교육을) 하면 할수록 머리가 좋아진다'고 여깁니다. 열심히 공부해온 부모는 자신이 성공한 경험을 통해 노력하면 언젠가 결실을 맺는다고 생각합니다. 다른 아이들이 학원에서 공부하는 동안 내 아이는 자고 있다? 상상만 해도 불안해집니다.

또 하나는 다른 아이와 비교하기 때문입니다. 다른 아이가 모두 학습이나 과외 공부에 매달리는데 자기 아이가 그렇지 않으면 부모는 소외감을 느낍니다. 고학력 부모는 특히 불안해지기 쉽기 때문에 더더욱 그렇게 생각합니다.

그런 의미에서 올바른 수면으로 고도의 두뇌를 키우는 것은 육아에서 가장 중요한 과제라고 할 수 있습니다. 앞에서 다케시가 아무리 학습 자극을 주어도 성적이 오르기는커녕 더 떨어졌던 원인을 알 수 있겠죠? 부모님은 다케시의 문제 행동을 보면, 곧바로 관리하거나 억압하는 모습을 보였어요. 이를 바꾸어 몸의 뇌를 다시 키울 수 있도록 생활 리듬을 바로잡아주었더니 좋은 결과가 나타났습니다. 접근 방식을 백팔십도 바꾼 결과, 좋은 방향으로 바뀐 좋은 사례입니다.

다만 여기서 똘똘이의 뇌를 키우는 데 필요한 지식과 학습은 결코 학교나 학원에서만 제공하면 되는 것이 아니라는 점에 주의해야 합니다. 이 시기, 충분한 수면을 취하고 식사를 해서 자율신경이 잘 작동해 항상 컨디션이 좋은 아이의 두뇌에는 새로운 지식과 정보의 자극을 무한히 입력할 수 있습니다. 학교 학습 외의 지식과 정보로 아이를 아낌없이 자극하는 것이 똘똘이 뇌가 발달하는 시기에 자녀를 잘 키우는 비결입니다.

'학교에서 배우는 것 외의 지식과 정보'가 많은 아이라면 '좋아, 우리 아이는 잘 자라고 있구나!'라는 자신감을 가지세요. 예를 들어 외계인이든, 철도든, 흙 속 벌레든, 축구 선수의 이름이든, 무엇이든 상관없습니다. 흥미를 가지고 자발적으로 지식을 얻으려는 모습을 보인다면 두뇌 계발은 대성공입니다. 부모로서 할 수 있는 한 곁에서 응원해줄 수 있으면 멋지겠죠.

그런 점에서 보면 아이가 어릴 때부터 부모가 좋아하는 것을 접하도록 하는 것이 효과적일지 모릅니다. 참고로 제 경우에는 아이가 어릴 때부터 제가 좋아하는 연극에 함께 데리고 다녔어요. 그랬더니 어느새 아이는 뮤지컬을 좋아하는 소녀가 되었고, 특히 〈레 미제라블〉에 사로잡혀 박사급 지식을 갖추게 되었습니다.

이전에 인연을 맺었던, 자녀가 둘인 가정의 아이는 아빠와 함께 낚시를 다니면서 스스로 수조를 10개 이상 보유하며 다양한 종류의 물고기를 키웠고, 나중에 수산 관련 대학에 진학했습니다. 두 아이 모두 초중고 성적은 상위권이 아니라 오히려 뒤떨어졌다고 합니다. 하지만 두뇌는 확실히 성장하고 있었던 것입니다.

상대의 마음을 읽을 줄 아는
아이로 키운다

20여 년 전의 일입니다. 미국 유학을 마치고 귀국한 지 얼마 되지 않았을 때 소아신경학회에 참가했는데, 학회가 마련한 서점에서 '화용론話用論'에 대해 쓴 책을 발견했습니다(아쉽게도 지금은 책을 잃어버려 제목조차 기억나지 않습니다). 부끄럽게도 '화용론'이라는 단어조차 몰랐는데, 그 책 내용이 눈을 확 뜨이게 했습니다.

간단히 말해 화용론이란 '언외言外의 의미를 부여해 그것을 통해 상대방에게 행동을 촉구하는' 언어적 테크닉입니다. 예를 들어 가족이 "라디오 소리가 시끄러워"라고 말하면, 말없이 일어나 라디오 볼륨을 낮춥니다. 이때 말을 들은 사람은 '라디오가 시끄럽다'라는 말 이면에 '시끄러우니 볼륨을 낮춰라'라는 언외의 의미가 담겨 있음을 알아차리고 행동하는 것입니다. 이를 알아차리지 못하면 "네? 시끄럽지 않아요. 저에겐 이 소리가 딱 좋은데요"라는 식으로 대답하게 되어, 인간관계가 나빠질 가능성이 있습니다.

그 책에는 자폐증의 특징으로 '화용론의 이해에 선천적으로 장애를 지닌다'는 내용이 있었습니다. 얼마 지나지 않아

뇌과학적인 자폐증 연구의 흐름은 화용론을 중심으로 진행되었습니다. 자폐아의 전두엽 기능에 어떤 장애가 있는지에 초점을 맞추기 시작했죠. 뇌과학적으로 '마음 이론(다른 사람의 사고, 감정, 행동과 그 이유를 추론하는 인지능력— 옮긴이)'이라고 부릅니다.

저는 '화용론을 마음의 뇌를 키우는 데 사용할 수 있겠어!' 하며 눈을 번뜩였습니다. 그리고 제 딸을 대상으로 '실험'을 시작했습니다. "안아주세요"라고 말하던 두 살짜리 딸아이가 세 살이 되자 "힘들어요. 안아주세요"라고 기분을 표현하는 말을 덧붙였습니다. 네 살이 되자 "많이 걸어서 힘들어요. 안아주길 부탁해요"라고 말했습니다.

다섯 살이 되니, 수준이 더 높아졌습니다. "저는 매우 피곤하지만, 엄마의 허리가 안 좋아 보이니 저 전신주 있는 곳까지만 안아주세요." 이처럼 올바른 문장으로 모든 의미를 전달할 수 있도록 일본어를 터득하지 않으면 화용론은 활용할 수 없다고 생각했습니다.

딸이 초등학생이 되었을 때 이런 대화를 나눈 기억이 있습니다. "아빠가 편의점에 물건을 사러 갔는데, 갑자기 비가 내리기 시작했어. 아빠, 우산 가져갔을까?" "아, 우산꽂이에 우산이 있으니까, 안 가지고 갔네." "흠뻑 젖으면 곤란하겠네.

우산 가져다줄까?" "응, 그럴래?"라고 정중하게 대화를 나누고 행동했습니다.

딸이 중학생이 된 어느 날이었습니다. 제가 "아, 강아지가 산책을 가고 싶어 하네. 그런데 엄마는 오늘 허리가 아파"라고 말하자, 딸이 "나한테 강아지 산책을 시켜달라는 거야?"라고 물었습니다. 마음의 뇌가 본격적으로 발달하는 시기는 10세 이후입니다. 이때 딸은 처음으로 화용론을 터득했습니다. 하지만 제대로 점검하지 않으면 엉뚱한 언외의 의미로 해석할 수 있겠다는 생각에 제게 확인했던 것입니다.

여러 경험을 통해, 이런 과정을 거치지 않으면 성인이 되어서도 화용론을 사용할 수 없겠다고 생각했습니다. 이것이 바로 제가 '어떤 아이로 키우고 싶은가'에 관련해 가장 중요하다고 생각하는 마음의 뇌 키우기와 관련된 답, '상대의 마음을 읽을 수 있는 아이'의 의미입니다. 이 생각을 바탕으로 액시스에서는 다양한 워크숍을 전개하고 있습니다.

예를 들어 상사가 부하 직원에게 "이 문서를 정리하는 데만 두 시간이 걸리는데, 저는 지금 회의에 들어가야 하거든요"라고 했을 때 어떤 것이 이상적인 대답일까요?

A: "두 시간이면 회의 끝나고 정리하시면 충분하지 않나요?"

B: "그거 저한테 하라고 하는 말씀인가요?"

C: "부장님이 회의에 참석하셔야 하니까 제가 문서 작성을 도와드릴까요?"

물론 상사와의 관계에 따라 달라지겠지만, 사회인으로서 A보다는 B, B보다는 C가 더 바람직하다는 것은 틀림없어 보입니다. 이렇게 타인의 마음을 헤아리는 감각이야말로 마음의 뇌가 관장하는 화용론입니다. 저는 부모가 자녀에게 이를 생활 속에서 자연스럽게 익히게 해야 자녀가 사회에서 성공하고 행복해지는 길로 이어진다고 생각합니다.

뇌의 발달은 삶의 현장에서 이루어집니다. 자폐증이 있든 없든 정도의 차이는 있지만 저는 '생활'을 통해 마음의 뇌를 키울 수 있다고 확신합니다.

0세 아이에게 말을 걸자

웃음을 잃지 않는 부모 밑에서 자란 아이는 항상 기분이 좋은 경우가 많다는 것을 실감할 수 있습니다.

그리고 부모가 전하고 싶은 말을 잘 알아듣습니다. 여기에는 '거울 신경세포'가 작용합니다. 아이는 이 신경세포를 이용해 부모의 동작과 말을 따라 합니다.

그런데도 "0세면 아직 말을 못하잖아요. 그래서 저는 말을 걸지 않아요"라고 말하는 엄마가 있습니다. 아이와 단둘이 있을 때도 항상 스마트폰을 만지작거리거나 TV를 켜놓은 채 아이에게 말을 걸거나 미소를 짓지 않습니다.

사실 그렇지 않습니다. 아이는 0세부터 부모가 가까이에서 입을 움직이고 말하는 것을 물끄러미 지켜봅니다. 그렇게 입을 움직이는 방법을 뇌 속에 재현해두고 "아부" 하고 열심히 연습하다 보면 어느새 "엄마" "아빠"라는 의미 있는 말을 하게 됩니다. 따라서 기억에 새기고자 하는 행동이나 말을 눈앞에서 계속 해주는 것이 좋습니다.

덧붙여 말하면, 유아기부터 조기교육에 힘쓰는 사람은 거울 신경세포를 사용해 아이의 뇌를 활성화할 기회를 놓치는 셈이라고 할 수 있습니다. 그렇게 하지 않고, 부모가 옳다고 생각하는 행동, 예를 들어 "미안해"라고 사과하고, "고마워"라고 감사하는 모습을 보여주는 것이 중요합니다.

'자식은 부모의 거울, 부모는 자식의 본보기'라는 말이 있듯 부모가 이상적으로 생각하는 언동을 자녀에게 보여주고 전달하는 것입니다. 조금 엄격하게 말하면, 이것을 남에게 맡겨서는 안 됩니다. 예를 들어 아빠가 출장 등으로 자리를 비울 때 엄마가 "아빠는 지금쯤 열심히 일하고 있을 거야"라고 아이들과 함께 이야기하는 가정과 "아빠는 안 계셔도 그만이네"라고 말하는 가정은 정반대입니다. 아버지에 대해 전혀 다른 이미지가 각인되는 것이죠. 마찬가지로 스포츠 코치가 "이렇게 해라" "저렇게 해라" "이건 안 돼"라고 지시하며 명령하고 부정적으로 지도하는 것도 바람직하지 않아요. 아이들에게 그런 어휘밖에 들리지 않으니까요.

얼마 전 외식하러 간 곳에서 엄마와 두 아이를 보았습니다. 엄마가 아이들을 테이블에 앉히고 식권을 사러 간 동안 세 살쯤 된 남자아이가 자신이 앉을 아동용 의자를 잡아당겨 가지고 오려고 했습니다. 그것을 본 다섯 살 정도 된 여자아이의 표정이 갑자기 험악해졌습니다.

그러더니 "○○야, 그 의자 가져오지 마! 엄마가 가져오라고 말하기 전에는 안 돼. 네가 옮기면 위험해!"라며 어른스러운 말투로 주의를 주었습니다. 아마도 엄마 말투를 따라 하는 것 같았습니다. 마치 거울을 보는 듯했죠. 항상 엄마에게 그런 말을 들었는지도 모릅니다.

만약 "이 의자를 가지고 왔네. 조그마한 아이가 대단해. 엄마를 도와주는구나. 고마워"라고 말했다면, 다섯 살 된 언니 입에서 다른 말이 나왔을 것이라는 생각이 듭니다. 바쁜 육아에 스트레스가 쌓여 있었는지 모르지만, 낯선 부모와 아이가 걱정되었습니다.

두뇌 발달은 0세부터 차이가 납니다. 하지만 많은 부모가 일찍부터 학원이나 과외로 학습시켜 똘똘이의 뇌를 키우려고 합니다. 그러나 두뇌 발달 관점에서는 오히려 '뒤처지게' 됩니다. 육아의 시간은 한정되어 있습니다. 똘똘이의 뇌에만 주목해버리면, 수면이나 말 걸기 등과 관련 있는 몸의 두뇌를 키울 시간이 줄어듭니다.

'은둔형 외톨이'는 예방할 수 있다

기립성 조절 장애라는 병명을 들어본 적 있나요? 일명 '자율신경실조증'이라고도 불리는 이 병은 최근 몇 년 동안 아이와 성인 모두에게 계속 증가하고 있습니다. 이름 그대로 자율신경의 불협화음 때문에 일어설 때 괴로운 증상이 나타납니다.

구체적으로는 '아침에 잘 일어날 수 없다' '두통이나 복통이 심하다' '일어섰을 때 어지럼증이 심하다' '가만히 서 있으면 기분이 나빠진다' '멀미를 자주 한다' 등 여러 증상이 있습니다. 이런 증상이 있다는 것을 전제로 누워서 안정을 취할 때와 일어섰을 때의 혈압과 맥박의 차이를 조사해 확정 진단을 내립니다.

소아심신의학회의 보고(2018년)에 따르면 초등학생의 약 5퍼센트, 중학생의 약 10퍼센트가 이 증세를 겪는다고 합니다. 중증은 약 1퍼센트이고, 무단결석생의 약 30~40퍼센트에게 나타났습니다. 남녀 비율은 1 대 1.5~2로 여학생이 더 많은 것으로 나타났습니다. 발생하기 쉬운 연령은 10~16세, 즉 사춘기라고 보고되었습니다. 물론 성인에게도 나타납니다.

이 질환을 앓으면 정시에 등교하기 어렵습니다. 그래서 무단결석을 하거나 은둔형 외톨이가 되어도 학교 선생님 혹은 부모님이 '기립성 조절 장애 때문이니 어쩔 수 없다'는 말을 합니다.

하지만 저는 그렇게 생각하지 않습니다. 자율신경은 앞에서 말한 대로 몸의 뇌의 작용이기 때문입니다. 기립성 조절 장애는 몸의 뇌가 잘 자라지 않은 아이들에게서 발생합니다. 물론 타고난 체질 역시 관계됩니다. 그러나 몸의 뇌는 언제든 다시 키울 수 있습니다.

실은 저도 어린 시절부터 심한 기립성 조절 장애로 고생한 경험이 있습니다. 중학교 시절, 매일 아침 눈앞이 캄캄한 상태로 이불에서 기어 나와, 비틀거리며 옷을 갈아입고 걸어서 역에 도착하기까지 서너 번 정도 길가에 앉아 쉬었어요. 학교에 간신히 도착해도 조회 시간에 매번 쓰러졌습니다. 온천에 가면 탕에 들어가다 기절해버렸죠.

그랬던 제가 어떻게 지금 새벽 3~4시에 벌떡 일어날 수 있을까요? 일어나서 바쁘게 일하고, 한 시간 동안 아침 목욕을 하고, 아침밥을 이것저것 만들어 먹습니다. 제가 이렇게 움직일 수 있는 것은 생활 습관을 바로잡아 몸의 뇌를, 그리고 자율신경을 단련했기 때문입니다.

자율신경은 우리 인간을 포함한 동물이 어떤 환경에서든 몸을 '양호한 상태'로 유지하기 위한 신경입니다. 자율신경은 우리로 하여금 밤에 충분한 수면을 취하게 하고, 아침에는 활동할 수 있는 에너지가 넘치게 해줍니다. 또 식욕을 느끼고, 음식을 섭취하게 하며, 소화시켜 영양분을 흡수하고 노폐물을 배설하게 합니다. 모두 자율신경이 관여하죠.

그에 더해, 자율신경은 계절에 따라 시시각각 변화하는 외부 온도와 습도에 따라 체온을 항상 일정하게 유지합니다. 잠자고, 서고, 앉는 등 자세가 바뀌어도 순식간에 혈압을 변화시켜 몸 구석구석에 혈류를 골고루 흐르게 합니다. 바로 '스스로 자신을 다스리는' 신경이며, 이것이 원활하지 않으면 건강이 나빠집니다. 인간이라는 동물의 생존에 필수인 셈이죠.

작동 양상에는 개인차가 크긴 합니다. 타고난 '좋고' '나쁨'은 있지만, 유지 관리와 단련 방법에 따라 크게 달라집니다. 그 열쇠를 쥐고 있는 것이 수면-식사-운동이라는 기본적인 생활 습관입니다. 즉 저는 올바른 수면-식사-운동을 하고 있을 뿐입니다. 이에 대해 20여 년의 세월을 들여 증거를 수집했고, 저 자신과 제 자녀 양육에도 실험을 마쳤습니다. 그런 만큼 강한 확신이 있고, 저를 찾아오는 사람들이 하나둘씩 그 사실을 증명해주고 있습니다. 오후 2시 전에는 절대 등교할 수 없었던 아이들이 고등학교에 들어가서는 아침 5시에 일어나 자전거로 통학할 수 있게 되었습니다.

유럽 유치원에서는 아이를 야산에 풀어놓는다

2020년 일본에서도 출간된 세계적인 베스트셀러 《인스타 브레인Screen Brain》(안데르스 한센 저)을 읽어보셨

나요? 제목에서 상상할 수 있는 '어쨌든 스마트폰은 악!'이라는 일방적인 내용이 아닙니다. 다만 스마트폰(혹은 태블릿, PC, 게임기 등도 스마트폰으로 통칭합니다)이 인류의 진화 과정에서 어떤 위치를 차지하고, 뇌에 어떤 자극을 주며, 그 결과 뇌에 어떤 영향을 미치는지 과학적으로 논합니다. 일본에서도 아이들의 스마트폰 의존이 큰 문제가 되고 있습니다.

제가 주재하는 액시스에서는 어른이 아이에게 제공하는 생활의 중요성을 꾸준히 강조해왔습니다. 이 장에서 설명한 대로 생활이 아이의 두뇌를 키우기 때문입니다. 하지만 현실은 스마트폰이 아이의 학습과 수면 시간을 빼앗고, 바깥 놀이를 방해하는 '시간 도둑'이 되고 있습니다. 다만 한결같이 아이가 스마트폰을 놓지 못하는 이유는 '응석' '자제심 결여' 등 아이 자신의 문제라고 여깁니다. 정말 그럴까요?

한센은 책에서 자신도 스마트폰에 중독되어 있었다고 고백합니다. 그는 거기에서 '의도적으로' 벗어나는 데 성공했다고 합니다. 한센처럼 어른이라면 스스로 자제심을 발휘해 중독에서 벗어날 수 있습니다.

그러나 아직 '자신의 뇌로' '의도적으로' '스스로' 벗어날 수 있을 만큼 뇌가 발달하지 않은 아이는 함께 생활하는 어른이 도와주어야 합니다. 부모가 '그렇게 되지 않도록 뇌를 키운다' 혹은 '그렇게 된 아이의 뇌를 바로잡아 성장시킨다'는 식으로 도움을 주어야 합니다.

액시스에서 전하는 기본적인 대처법은 앞서 말한 '원시인 같은 아이로 키우는 것'입니다. 몸의 뇌 시기 아이는 원시인입니다. 환경으로부터 자극을 오감으로 받아들이고 본능으로 반응해 생존하는 능력을 키우는 시기라는 뜻입니다. 호기심으로 주변을 탐색하고 흥미로운 것을 찾아다니죠. 그렇다면 스마트폰의 자극은 그들에겐 엄청난 매력이기에, 자제가 불가능하다는 것을 아시겠죠.

그래서 저희는 5세까지는 스마트폰, 게임기, 컴퓨터는 물론 TV와의 접촉을 최대한 피하도록 지도하고 있습니다. 특히 식사 중 TV 시청은 삼가야 합니다. 강한 빛과 소리의 자극이 뇌를 지배하기 때문에 오감을 사용해 식사할 수 없기 때문입니다.

취침 전 한 시간 동안은 5세가 넘어도 하지 못하게 합니다. 주행성동물인 사람의 뇌에서는 오후가 되면 멜라토닌이라는 뇌 호르몬이 분비되어 저녁이 되면 자연스럽게 잠이 오도록 생체 시계가 설정되어 있기 때문입니다.

그런데 잠자리에 들기 전에 스마트폰 등 스크린에서 나오는 강한 빛을 눈에 비추면 '멜라토닌'의 분비량이 줄어들어

생체 시계가 어긋나버립니다. 아이에게 "이제 자야지!"라고 재촉해도 "졸리지 않단 말이야"라는 말을 듣지 않습니까? 그것은 '졸리지 않는 뇌'가 되었기 때문입니다.

이를 해결하는 방법은 들판을 뛰어다니는 것입니다. 자연 속에서 나무를 타다가 넘어질 것 같은 몸을 지탱하거나, 움푹 파인 곳에 발을 헛디뎌 넘어질 뻔하는 경험을 합니다. 만약 넘어지면 다음부터는 조심하겠죠. 매일 그런 활동을 하게 합니다.

몬테소리 및 대안 교육이 발달한 유럽의 유치원 같은 곳에서는 반드시 그런 환경을 마련합니다. 아이를 야산에 풀어놓습니다. 그것은 원시적인 동물을 산속에서 키우는 것과 같습니다. 몸도 마음도 자유롭게 풀어놓으면 아이의 두뇌(마음)와 신체 기능이 촉진된다는 사실은 널리 알려져 있습니다. 도심이라 해도 공원 등에서 그런 환경을 만들 수 있습니다.

일본에서도 그런 유치원이나 초등학교가 생겨나고 있으니 실현 불가능한 것은 아닙니다. 가정 상황을 보면, 고학력 부모를 중심으로 3세부터 유아 교실에 다니며 읽기, 쓰기, 기억력 강화 등에 힘을 쏟고 있습니다. 이는 사실 별 의미가 없기 때문에 공원이나 자연이 있는 곳으로 아이를 데려가라고 부모님에게 이야기합니다.

또 아이가 넘어질 것 같으면 도와주지 말아달라고도 이야기합니다. 일부러 넘어뜨려보라고도 합니다. 그러면 다음부터는 넘어지지 않게 됩니다. 인간에게도 야생의 직감은 매우 중요합니다. 어쨌든 그 야생의 직감을 키우는 것이 중요합니다.

두뇌를 키워줄 수 있는 부모, 그렇게 하지 못하는 부모

"정말로 이제, 매일 아침 조심스레 말을 거는데요, 기분이 아주 나쁜 날에는 아이가 종일 화가 난 채로 보냅니다. '시끄러워!'라고 하니, 정말 무섭습니다. 한밤중이 되면 방에서 쿵쾅거리는 소리가 들려옵니다. 온라인 게임을 하면서 혼자서 소란을 피우는 소리죠. 어떻게 하면 좋을까요?" 스무 살이 넘었는데 집에 틀어박힌 아이들과 함께 사는 엄마가 홀쭉해진 얼굴로 찾아왔습니다.

"우선 일찍 자고 일찍 일어나면서 생활 리듬을 바로잡아야 해요!" 저는 병원 외래와 액시스를 통해 이런 말을 끊임없이 전하며, 익사 직전의 부모와 아이를 강이나 바다에서 어떻게든 건져냈습니다. 아슬아슬하게 다시 살아난 그들은 '무엇보다 생활 리듬'의 의미를 깊이 이해하고 있습니다.

그러나 많은 사람이 쉽게 믿지 않습니다. 효과가 잘 보이지 않기 때문입니다. 특히 고학력 부모는 눈에 보이는 성과를 요구하는 경향이 있는 듯합니다. 그런 성과는 그림이나 악기 등 예체능에서의 성취도, 시험 점수, 통지표, 모의고사 순위, 학력, 계산력, 문장력 같은 '인지능력'과 관련 있습니다.

이에 반해 '비인지능력'은 의욕, 자기 긍정감, 자립이나 협조, 공감 능력 같은 마음의 영역을 가리킵니다. 비인지능력은 생활 리듬이 잡히면 충분히 발달하지만, 측정하거나 평가할 수 있는 수치가 없기 때문에 크게 와닿지 않습니다.

몸의 뇌가 자라지 않은 아이 중에는 무단결석, 은둔형 외톨이, 가정 폭력, 자해 등의 사태를 유발하는 경우가 있습니다. 그래서 제가 '이런 위험성이 있다'고 경고하지만, 많은 분이 '우리 아이는 그렇게 되지 않을 것'이라고 생각합니다.

'기계체조로 전국 대회 출전을 결정했다.'

'수영 기록 대회에서 항상 1위를 차지한다.'

'학원에서 성적별 좌석 순서는 항상 맨 앞줄, 명문 중학교 모의고사에서 A를 받는다.'

이런 아이들이 아침에 일어나기 힘들어하고, 집에서 폭력적인 태도를 드러냅니다. 이유를 알 수 없는 두통이나 복통을 느껴도 부모와 자식은 엘리트 가도를 계속 달립니다. 우수한 자녀가 발산하는 빛은 그림자를 가리고 있습니다. 두뇌 키우기의 가치를 모르는 사람은 앞을 내다보는 데 서툴지 모릅니다.

눈앞의 사소한 일보다 큰 그림을 볼 수 있으면 달라질 텐데 말입니다. 저는 그것을 뼈저리게 느낍니다.

5장

고학력 부모를 위한 자녀 양육 방법

지금 아이의 발달 단계에서 중요한 것은 무엇일까요? 눈앞에 있는 우리 아이가 평생 행복하게 살기 위해 무엇을 축으로 삼아야 할까요?

부모로서 의연한 태도로 일관한다

"듣기가 좀 괴로워요." 지인이 한숨을 내쉬며 말했습니다. 아르바이트하는 학원에서 초등학생들이 점수를 이야기하며 서로 잘난 체한다고 합니다. "지난번 모의고사 말이야. ○○는 55점이었는데, 나는 56점이었어. 내가 이긴 거지." 모의고사 결과가 나오면 "보여줘"라면서 보여주기 싫어하는 아이의 결과표를 가지고 "너, 예전 점수보다 떨어졌잖아"라고 놀리는 것입니다.

중학교 입시를 목표로 하는 아이들이 다니는 이 학원은 성적에 따라 자리나 반을 바꿉니다. 아이는 정직하기 때문에 상대를 밀쳐내며 자신이 올라갈 때 느끼는 우월감을 노골적으로 드러냅니다. 학원 선생님도 "모두 라이벌이니 서로 경쟁해"라고 부추깁니다. 모두가 협력해 문제를 해결하는, 어른이 이상적으로 생각하는 아이의 모습과는 정반대 모습입니다. 이런 환경에서 아이는 과연 건강하게 자랄 수 있을까요?

"환경의 힘은 유전인자를 능가한다." 2000년대 들어서면서 여러 연구자가 이렇게 말하기 시작했습니다. 연구 논문이 속속 발표되면서 '부모를 비롯한 주변 어른이 아이에게 제공하는 양육 환경의 중요성'이 명확해졌습니다.

그렇다면 어떤 양육 환경을 제공하면 좋을까요? 이 문제를 오랫동안 연구해온 저는 관련 조사 결과와 실천 데이터를 토대로 액시스 동료들과 함께 '페어런팅 트레이닝parenting training'을 시작했습니다. 페어런팅은 '부모의 관계하는 방식'으로 자녀를 대하는 방법을 배우는 훈련이라는 의미입니다. 내용은 고학력 부모 맞춤형으로 이루어져 있습니다. 여기서는 페어런팅 트레이닝을 토대로 고학력 부모를 위한 방법을 알려드리고자 합니다.

저는 고학력 부모에게 이런 질문을 자주 합니다. "가정에서 자녀에게 무언가 역할 분담을 하고 있습니까?" 대답을 통해 그 가정의 모습을 알 수 있기 때문입니다. 그러면 다들 이런 대답을 합니다. "항상 학교에서 돌아오면 게임만 하니까 가끔은 빨래를 해달라고 하는 정도의 도움을 받고 있어요." "우리 집은 목욕탕 청소를 1회 100엔에 시키고 있어요." "용돈을 주지 않기 때문에 이런저런 일을 도와주면 용돈을 주고 있어요. 신문을 가져오면 50엔이라는 식으로 세세하게 정해놓았습니다."

일을 도와주면 용돈을 준다는 사람 중에는 역시 재력 있는 고학력 부모가 많습니다. 하지만 부모가 노동의 대가로 자녀에게 임금(용돈)을 지불하는 것은 이치에 맞지 않습니다. 가족 각자가 생활하면서 서로 돕는 것은 당연하지 대가를 지불해야 하는 일은 아니거든요. '가끔 해달라고 한다'고 했는데, 왜 부모가 그렇게까지 공손해야 할까요? 부모들에게 "좀 더 의연한 태도로 대해주세요!"라고 외치고 싶을 정도입니다.

자녀에게 '역할 분담'을 시키고 있다면 두뇌 발달에는 아주 좋겠지만, 역할 분담은 도움과 동의어가 아닙니다. 가정생활을 담당하는 가족 구성원은 각자의 능력에 따라 '반드시 그 사람이 해야 하는 작업의 역할'을 담당하도록 합시다.

다시 말해, 그 사람이 하지 않으면 그 일은 영원히 이루어지지 않기 때문에 가족 모두가 피해 입을 각오를 해야 합니다. 예를 들어 자녀가 밥 짓기 담당이라면 "저녁 식사에 밥이 없네!", 설거지 담당이라면 "음식을 담을 수 있는 그릇이 하나도 없구나!" 하는 일이 일어날 수 있는 것입니다. 이렇게까지 역할 분담을 요구하는 이유는 자녀가 18세가 되었을 때

'사회에서 자신을 충분히 활용할 수 있는 인간'이 되기를 바라기 때문입니다. 즉 독립적이고 자율적인 인간으로 키우기 위함입니다.

지금 시대에는 부모가 부유하다고 해서 자녀가 그렇게 되리라는 보장이 전혀 없습니다. 쇼와昭和 시대까지 일본은 고도의 경제성장으로 돈을 모을 수 있었지만, 앞으로는 공적 연금 수급조차 위태로워져 안정적인 노후가 보장되지 않습니다. 즉 오늘날의 부모는 경제의 큰 전환기에 자녀를 양육하고 있는 것입니다.

학력 사회가 끝났다고 생각하지 않습니다. 학력을 쌓아도 괜찮겠죠. 대기업에 들어가 높은 연봉을 받거나, 스스로 창업하는 등 소득을 얻는 방법은 다양합니다. 하지만 어디에 살든 스스로 생각하고 자신의 수입 범위 내에서 생활하는 능력은 필요합니다.

딸아이가 초등학교 3학년 때 저와 함께 디즈니랜드에 놀러 간 적이 있습니다. 기념품 가게에 멈춰 서서 "미키 귀가 달린 머리띠를 갖고 싶어요"라고 말하더군요. 아마 2,300엔 정도였던 것 같습니다. 저는 "돈을 빌려줄 수 있어"라고 말했습니다. 가게 바깥에서 '정말 일상에 필요한 물건인지' '사면 어떤 기회에 몇 번이나 쓸 수 있을지' '빌려준 돈을 한 달에 몇 엔씩 갚으면 다 갚을 때까지 어느 정도 걸리는지' 담담하게 이야기했습니다.

두 시간 후, 딸은 결국 구매하지 않기로 결단을 내렸어요. 당시 딸아이의 용돈은 매월 400엔 정도였습니다. 그중에서 월 200엔씩 갚으면 1년이 걸리고, 용돈은 월 200엔이 됩니다. '그러면 원하는 만화를 살 수 없어! 머리띠에는 귀가 붙어 있어 학교에 하고 갈 수 없고…'라고 자기 나름대로 생각해서, 사는 것을 참았다기보다 사지 않아야 할 이유를 납득할 수 있었던 것입니다.

이보다 조금 더 어릴 때, 즉 3세에서 5세 정도까지의 유아기는 아직 몸의 뇌 시기입니다. 4장에서도 몸의 뇌 시기는 원시인이라는 이야기를 했지만, '이것을 갖고 싶다'고 호소하는 뇌의 움직임은 원시인이 '적敵이 있다!' 하고 사냥할 때와 똑같습니다.

따라서 "갖고 싶어!"라고 호소하는 아이에게 무조건 "안 된다고 하면 안 되는 줄 알아!"라고 꾸짖어서는 안 됩니다. 이유도 말하지 않고 호소를 외면하기만 하면 "이것 갖고 싶어!" "이거 하고 싶어!"라는 아이의 에너지를 고갈시킬 수 있습니다. "사줘 사줘"라고 소란을 피우는 것은 결코 이상한 일이 아닙니다.

"갖고 싶어"라는 아이의 말에 꼭 공감해주세요. 예를 들어 앵무새가 말을 따라 하듯 "그렇구나. 주스를 원하는구나. 마시고 싶구나"라고 말합니다. 그래서 "이런 이유가 있으니까 사주세요"라고 사고 싶은 논거를 생각하도록 가르칩시다. 아이의 요구를 다 들어줄 수 없다는 것을 어릴 때부터 논리적으로 가르치면, 아이는 최종적으로 마음의 뇌로 스스로 판단하는 사람으로 자랄 수 있습니다.

유아에게
스마트폰을 주지 않는다

"당신은 어떤 육아 원칙을 세우고 싶은가요?"라는 질문을 던지면 많은 부모가 "가능하면 스마트폰을 주지 않는다는 원칙을 지키고 싶어요"라고 대답할 것입니다. 액시스에 모인 부모 모두 "잠잘 때 빼고는 스마트폰을 놓지 않아요" "식사 중에도 스마트폰을 만지작거려요"라며 고민하곤 합니다.

4장에서 소개한 《인스타 브레인》에 따르면, 저자 안데르스 한센의 모국인 스웨덴에서는 2~3세 어린이 세 명 중 한 명이 매일 태블릿을 사용한다고 합니다. 이미 11세 어린이의 98퍼센트가 스마트폰을 소지하고 있다고 하네요.

한편 컴퓨터, 스마트폰, 태블릿 등 전자 기기를 일주일에 10시간 이상 사용하는 10대 청소년은 '행복감을 느끼지 못한다'는 비율이 높은 것으로 나타났습니다. SNS 사용자의 3분의 2가 '자기는 모자란 사람'이라고 생각한다고 답했습니다. 그중 70퍼센트가 '인스타그램을 보면서 외모에 대한 자신감이 떨어졌다'고 답하는 등 정신적인 면에서도 분명히 악영향을 미치고 있는 것으로 나타났습니다. 그렇다면 어떻게 대처하면 좋을까요?

아이의 전자 기기 사용에 대한 대처는 뇌 발달 단계에 따라 달라집니다. 우선 0~5세에 해당하는 몸의 뇌 시기를 살펴보겠습니다. 이 시기에는 자연스럽게 솟아나는 호기심과 주의력 분산을 중요하게 생각해야 합니다. 인위적으로 호기심을 지나치게 자극하는 도구를 주는 것은 위험합니다. 따라서 이 시기에는 어른이 '주지 않는' 선택을 하는 것이 정답입니다. 그 대신 '운동·놀이' '수면' '식사'로 자극을 줍니다. 유아가 식사 중 의자에서 내려와 놀면 정신 사나워하는 부모가 있는데, 이 시기에는 원초적 감정을 그대로 드러내는 것일 뿐이니 그냥 지켜봐주세요.

그다음 단계는 6~14세에 집중적으로 성장하는 똘똘이 뇌 시기입니다. 계속해서 호기심을 가지고 지식과 정보를 쌓아가는 시기죠. 이때는 지식과 정보 수집 도구로서 스마트폰 이용을 권장합니다. 아이가 흥미나 지식욕을 보일 때는 절대 부정하지 마세요.

그렇다 해도 스마트폰으로만 지식을 수집하는 데는 한계가 있기 때문에 거기에 실제 체험을 덧붙여야 합니다. 돈과 시간적 여유가 있다면 체험에 힘을 쏟아야 합니다. 예를 들어 아이가 기관차에 관심을 보인다면 여름방학에 야마구치현으로 기관차를 타러 가는 여행을 떠나보는 것입니다. 그렇게 하면 머릿속에 평생 잊을 수 없는 지식을 새기는 데 도움이 될 것입니다. 설령 VR 체험이 있더라도 증기기관차의 증기 냄새를 맡는 것만으로도 스마트폰의 평면적 지식에는 포함되지 않은 것을 얻을 수 있죠. 지식을 쌓은 후 실제 체험을 축적하도록 해주세요.

사람을 포함한 생물이 감각기관을 통해 주체적으로 지각하고 직접 작용을 가할 수 있는 환경을 '움벨트Umwelt'라고 합니다. 이 움벨트의 선택 폭을 넓히는 것이 이 시기의 궁극적인 테마라고 생각합니다. 살아 있는 물고기를 보고, 동물을 기르고, 악기를 배워보는 등 쉽게 말해 피가 흐르는 실물을 접하는 것을 중시해주세요. 스마트폰만으로는 역부족입니다.

10~18세에 찾아오는 마음의 뇌 시기는 스스로 생각하고, 선택하고, 억제하는 전두엽의 발달이 왕성해지는 단계입니다. 이럴 때 어른의 꾸지람은 백해무익합니다. 아이가 '생각하고' '선택하고' '억제하는' 능력의 발달을 방해하니까요. 스마트폰을 강압적으로 빼앗아도 NG입니다.

그렇다고 자녀의 힘만으로는 스마트폰 사용을 완전히 절제하기에는 무리가 있기 때문에 이용 시간 제한이 유일한 방법이라고 생각합니다. 자녀가 스스로 생각하게 하고, 이용 시간을 선택하게 해주세요.

종종 "스마트폰 사용은 몇 시간 정도면 될까요?"라는 질문을 받습니다. 생체리듬 조절에 중요한 역할을 하는 멜라토닌 분비 저하를 막기 위해 잠자기 한 시간 전에는 스마트폰에서 손을 떼도록 규칙으로 정하는 것이 바람직합니다. 또 제한 시간은 부모와 자녀가 대화로 결정해야 합니다. 부모 주도로 결정해서는 안 돼요. 예를 들어 이런 식입니다.

수면은 무엇보다 중요하기 때문에 절대적으로 확보한다. 스마트폰을 장시간 사용하면 수면의 질과 양 모두 떨어지므로 제한하는 것이 좋다. 9시 이전에는 잠을 자야 하니, 한 시간 전인

> 8시부터는 스마트폰을 더 이상 사용할 수 없도록 한다. 학교에서 귀가하는 시간이 4시라고 하면, 4시부터 8시까지는 스마트폰을 사용할 수 있다. 하지만 숙제를 할 때 스마트폰이 있으면 보게 되므로 4시부터 숙제를 할 때는 숙제만 하고 스마트폰은 보지 않는다.

스마트폰 사용 시간을 5시부터 8시까지로 하는 것 등 처음에는 모두 아이가 결정한 대로 해봅시다. 잘 안 되면 다시 의논해 변경해나갑니다. 되풀이하는 게 번거롭더라도 행하는 것입니다.

사용하는 앱에 대해서도 부모와 자녀가 의논해야 합니다. 필요하고 안전한 앱은 미리 부모와 자녀가 이야기해 자유롭게 사용할 수 있도록 합니다. 그 외의 새로운 앱을 다운받을 때는 아이가 용도와 목적을 밝히도록 합니다. 그런 논거를 가지고 상대방의 입장을 존중하고 부모 자신의 권력 남용 역시 조심해야 합니다. 그렇게 하면 고학력 부모만 할 수 있는 대처가 가능해질 것입니다.

《인스타 브레인》에 이런 조사 결과가 실려 있습니다. 8~11세 어린이 4,000명을 대상으로 기억력·집중력·언어능력 테스트를 한 결과, 스마트폰, 태블릿, 게임기 이용 시간이 하루 두 시간 미만인 아이와 수면 시간이 9~11시간인 아이는 모두 사용 시간은 길고 수면 시간은 짧은 아이보다 평균 점수가 더 높다는 결과가 나왔습니다.

운동도 '두뇌력' 향상에 효과가 높은 것으로 나타났습니다. 초등학교 4학년 100명이 하루 6분씩 4주 동안 운동했더니 운동 시작 전보다 집중력, 주의력, 정보처리 능력이 모두 향상되었습니다. 그뿐 아니라 운동이 학습에 좋은 영향을 미치는 것으로 밝혀졌습니다.

아이에게 성공담보다 실패담을 들려준다

당신은 자녀에게 너무 많이 자랑하고 있지는 않습니까? 고학력 부모는 "성적이 항상 최상위권이었다"라든가, "대학 입시 때는 세 시간만 자고 공부했다"는 등 자신의 무용담을 자녀에게 말하기 쉽습니다. 자랑할 만하기 때문일 수 있겠지만, 매가 발톱을 숨기듯 자랑거리는 가슴에 묻어두어야 합니다.

그렇게 해야 하는 이유는 자녀의 의욕을 꺾어버리기 때문입니다. 부모는 완벽하다, 자신은 아무리 노력해도 부모를 넘어설 수 없다고 생각하게 만들면 아이는 자신이 더 이상 성장할 수 없다고 판단합니다. '나는 도저히 아빠처럼 될 수 없다'고 느끼면 자긍심도 떨어집니다.

실제로 부단한 노력을 아끼지 않았기 때문에 자신의 위치를 획득한 고학력 부모가 많습니다. 그것이 사실일 것이라고 생각합니다. 그렇다고 해서 아이에게 "너는 노력이 부족해. 아빠는 말이야…"라고 설교하는 것은 역효과를 냅니다. 자녀의 인생은 이제 막 시작되었고, 노력을 기울이기 전前 단계입니다. 아버지나 어머니의 노력을 뛰어넘을 수 없는 것은 어떻게 보면 당연한 일이죠. 그런데도 너무 일찍부터 노력을 강요하면 무언가를 이루기 위해 노력하는 즐거움을 스스로 발견하지 못하게 됩니다. 실제로 그런 아이가 많아요.

자랑보다 '아빠가 무언가를 저질러버렸던 이야기'를 들려주는 것이 아이의 자존감을 높여줍니다. 지금은 완벽하지만 예전에는 엉망진창이던 시절도 있다고 실패담을 들려주어 아이에게 자신에게도 성장의 여지가 있다는 것을 깨닫게 해주세요. '그런 실패를 했음에도 아빠는 어른이 되어 즐겁게 살고 있구나. 나도 괜찮겠지'라는 안도감으로 이어지기 때문입니다. 그 편이 가정에 즐겁고 긍정적인 분위기를 가져다줍니다.

집에서 "아빠는 대단해, 엄마는 훌륭해"라는 이야기가 나오더라도 "아니, 너처럼 노래를 잘 부르고 싶었어" "운동신경은 네가 훨씬 뛰어나잖아"라며 좋은 점을 칭찬해주었으면 합니다. 그것이 아이에게 동기를 불어넣을 수 있습니다.

눈앞의 아이와 같은 나이, 같은 시기에 겪은 실패담을 구체적으로 들려주세요. 아무리 완벽하게 어린 시절을 보낸 사람이라도 한 가지 정도는 실패담이 있을 것입니다. 지각하거나, 물건을 잃어버리거나, 동아리 활동을 빼먹거나, 혹은 친구들에게 괴롭힘당해 우울해했던 부정적인 이야기라도 좋습니다. 저를 찾아오는 고학력 부모님에게는 실패담을 생각해보고 준비해달라고 말씀드립니다.

어떤 어머니는 한 분야에서 아주 뛰어난 연구원으로 표창을 받을 만한 분이었습니다. 남편도 우수한 대학교수였습니다. 그런 부모에 대한 콤플렉스와 부적절한 양육의 영향으로 고등학생인 아들은 폭력을 휘둘렀습니다. 저는 아들에 대한 기본적인 대응 방식을 바꾸라고 당부하면서 "어머니의 실패담을 꼭 이야기해주세요. 조금 과장해도 괜찮으니까요"라고 말했습니다.

어머니는 먼저 말을 거는 등 아들에 대한 접근 방식을 조금씩 바꿔나갔습니다. 그리고 타이밍을 살펴 자신의 고등학교 시절 이야기를 들려주었습니다. "엄마가 말이야, 순탄하게 살아온 것처럼 보이지만, 사실 고등학교 때는 영어를 정말 못했어. 뭐랄까. 영어를 발음하는 게 부끄러웠지. 그래서인지 낙제 점수를 받았어. 재시험도 겨우 통과했고." 그러자 놀랍게도 아들의 폭력성이 사라지고 태도가 변해갔습니다.

아이의 치우침·집착을 존중한다

"학교에 있을 때와 목욕할 때 외에는 게임기를 손에서 놓지 않아요." 게임에 크게 의존하는 초등학교 4학년 겐야를 키우는 어머니가 상담하러 왔습니다. "우리 아이는 게임에 나오는 단어만 말해요. 저는 잘 모르겠고요. 어쨌든 대화가 되지 않아요. 자주 지각하고, 공부도 전혀 하지 않고요." 이렇듯 아들을 부정하는 말만 늘어놓더군요. 그리고 부모에게 게임은 '적'이기 때문에 대부분의 경우 '정말 쓸모없다'고 혹평합니다. 그래서 분위기가 더욱 험악해지죠. 집에서는 "게임 그만해!" "도대체 언제까지 할 거야?"라고 매일 소리를 지릅니다. 그런 가운데 한 시간 지각이 두 시간이 되고, 반나절이 되고, 결국 무단결석이 되었습니다.

그 후 액시스로 양육의 축軸을 잡은 어머니는 겐야에게 확연히 다른 태도를 보였습니다. 게임에 전혀 관심이 없었지만, 아이에게 처음으로 물어보았습니다. "엄마는 전혀 모르는데, 무슨 게임인지 좀 알려줄래?" 엄마의 질문에 겐야는 눈을 반짝이며 "이건 말이야"라고 말하기 시작했다고 합니다. 집착이 강한 아이는 원래 수다를 무척 좋아합니다. 엄마가 "누구와 누가 대결하는 거야?"라고 말을 걸 때마다 아이는 기분이 좋아졌습니다. 어머니는 게임을 쓸모없다고 말하지 않고, 아이를 부정하지 않으려고 노력했습니다. 그러자 모자 관계가 점점 좋아졌습니다. 그와 동시에 아이가 학교에 가는 날이 많아졌습니다.

사물에 대한 강한 집착이 인생을 개척하는 계기가 된 경우도 있습니다. 아키라는 컴퓨터를 좋아하고 손재주도 좋았어요. 하지만 밤낮이 뒤바뀐 생활에 어머니는 화를 내기만 했습니다. 그래서 우선 잠자는 시간만 정하고 그 외에는 자유롭게 하자는 전략을 세웠습니다. 컴퓨터 사용 시간은 어머니와 아키라가 의논해서 정했습니다. 그 결과 잠자리에 들기 한 시간 전에 노트북을 엄마에게 반납하는 것을 규칙으로 정했습니다.

규칙을 정한 것은 좋지만, 해야 할 것이 하나 더 있었습니다. 잠자기 한 시간 전 '노트북 반납'에 대해 아이가 납득할 수 있는 이유를 찾는 것입니다. 단순히 "약속이니까 지켜라"가 아니라 아이가 지키고 싶은, 혹은 지켜야만 하는 이유를 전달해야 합니다.

어머니와 저는 함께 의논해 아이에게 이렇게 이야기하기로 했습니다. "컴퓨터를 밤늦게까지 하면 수면 시간이 줄어들어. 그러면 성인이 되어 사망률이나 암 발병률이 높아지고, 비만이 되기 쉬워. 생활 습관 관련 발병률도 높아지지. 우리 집 방침은 '아이를 일찍 죽게 하지 말자'이기 때문에, 적어도 네가 나보다 먼저 죽어서는 안 돼." 어른이 들으면 과장된 말이라며 웃을지도 모릅니다. 하지만 어머니는 이 말을 아주 진지하게 전달했습니다. 그러자 아키라는 그 말을 잘 받아들여 노트북을 정해진 시간에 돌려주었습니다.

그 후 아키라는 6학년 때부터 독학으로 프로그래밍을 시작했습니다. 중학교는 프로그래밍 등 ICT 교육에 중점을 둔 학교를 선택했죠. 성인이 되어서는 해외 기업과 공동 프로젝트를 진행하는 등 엔지니어로서 눈부신 활약을 펼치고 있습니다.

1장의 십자형 그래프를 기억하나요? 다음 그래프는 후속

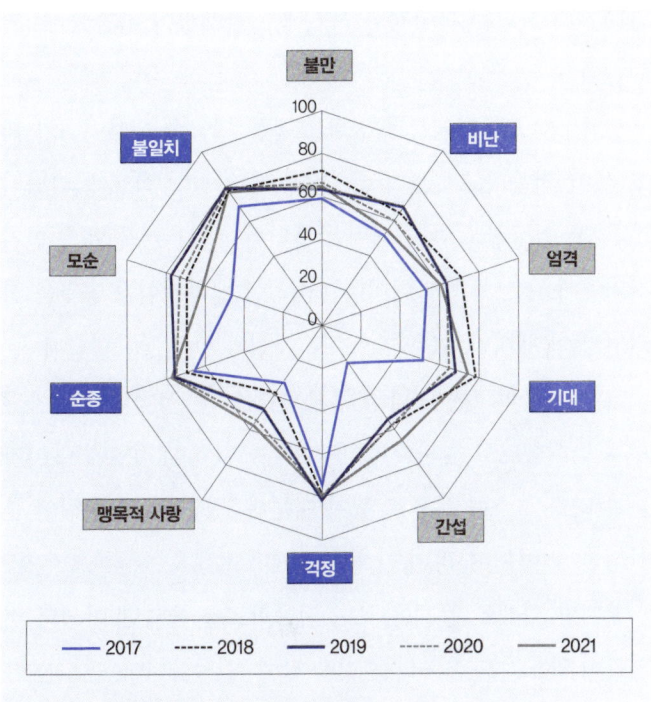

**2017~2021년 TK식 진단적 신부모-자녀 관계 검사의 평균치:
시간 경과에 따른 변화**

그래프입니다. 1장의 그래프는 2017년 조사를 바탕으로 했는데, 그 후 2021년까지 부모-자녀 관계의 변화를 조사한 결과가 위 그래프입니다. 우리가 페어런팅 트레이닝을 실시한 결과, 부모의 간섭-모순-맹목적 사랑이 개선되었고, 코로나19가 확산되는 불안정한 시기에도 문제없이 생활할 수 있었습니다.

몇 년 전 고등학교를 졸업한 고우는 귀금속 디자이너가 되고 싶어 전문학교에 진학했습니다. 상위권 중학교에 다녔지만, 앞서 언급한 두 아이처럼 컴퓨터와 스마트폰을 계속 만지작거렸어요. 고학력자 어머니는 아들에게 무엇이든 공부를 시키고 싶어 했지만, 고우는 스스로 자신의 길을 찾아냈습니다.

그가 전문학교에 진학하겠다고 했을 때, 어머니는 처음엔 무척 반대했다고 합니다. 좋은 대학을 나와 대기업에 들어가는 엘리트 코스를 목표로 했기 때문에 "장인匠人은 수입이 불안정한 것 아니니"라며 난색을 표했다고 해요.

하지만 실제로 통계를 보니 전문학교를 졸업한 학생의 취업률이 압도적으로 높다는 것을 알 수 있었습니다. 난도 높은 기술을 익히고 자격증을 취득할 수 있는 학교도 있었습니다. 어머니는 미래에 쓸 자격증을 취득할 수 있기 때문에 오히려 전문학교 진학이 유리하다는 것을 이해하게 되었습니다.

부모가 걱정하는 자녀의 '집착, 치우침'은 사실 이렇듯 자녀의 무기가 될 수 있습니다. 그렇게 되기 위해서는 부모가 그것을 단점으로 보지 않는 것이 중요합니다. '우리 아이, 재미있어하는구나' '독특해' '저렇게까지 고집하는 것은 어떤 의미에서는 대단할 수 있겠구나' 같은 식으로 사물을 다른 각도에서 바라보거나 유연하게 받아들일 수 있도록 의식을 전환해보세요. 고학력 부모님은 소화하는 속도가 빠릅니다. 장점, 단점이나 그 근거를 매끄럽게 이해하고, 한번 납득하면 해결하는 데까지 그리 오랜 시간이 걸리지 않습니다.

언제나 밝고
기분 좋게

부모는 자녀가 왕따를 당하거나 성적이 떨어졌거나 무단결석하는 등 부정적 사건이 벌어질 때 동요하기 쉽습니다. 자녀에 대한 신뢰를 잃어 걱정하고 간섭하고 싶어 하죠. 특히 노력파 고학력 부모는 의외로 '승부욕'이 강한 편입니다. 즐기기보다 경쟁에서 이기는 데 중점을 두기 때문에 따라가지 못하는 아이는 괴로워하게 됩니다.

그러지 않기 위해서는 평소에 웃음을 짓거나 관점을 전환해 사물을 긍정적으로 바라보는 훈련을 하는 것이 중요합니다. 예를 들어 학교에 가기 싫다고 말하는 중학생에게 "그렇게 게으름을 피우면 인간은 타락해. 은둔형 외톨이가 되어 사회에 나갈 수 없게 될 거야"라고 호통치는 아버지가 있었습니다. 그와 정반대로 "뭔가 불안한 게 있구나. 가고 싶을 때까지 가지 않아도 돼. 말하고 싶으면 이유를 말해줘"라고 웃으면서 대응했으면 합니다. 무슨 일이 생겼을 때 부모가 불안한 표정을 짓는 것과 "너라면 괜찮을 거야"라고 신뢰하는 것은 하늘과 땅 차이입니다.

특히 자녀가 괴롭힘당하고 있을지도 모른다는 사실을 알게 되면 많은 부모가 전투태세를 취합니다. 겉으로는 온화해 보이는 어머니가 '내가 지켜주지 않으면 안 된다'며 눈빛이 날카로워집니다. 그렇게 하지 말고, 아이가 초등학교 4학년 이상이라면 우선 어떤 생각을 하고 있는지 들어보세요. 만약 불이익을 당했다면, 자기가 직접 선생님에게 이야기하도록 합니다. 자신이 잘못한 경우도 있으니, 그 점을 감안해 문제를 해결하려면 어떻게 해야 할지, 예를 들어 화해할 수 있을지, 그렇지 않은지 등을 스스로 생각하도록 이끌어주세요.

또 부모가 다른 사람에게 진심으로 '고맙다'는 마음을 가지고 표현하는 것이 중요합니다. 부모님이 "내일 학교에 면담하러 가는데, 저는 (담임선생님께) 무슨 말을 하면 좋을까요?"라고 상담하는 경우가 있습니다. 다들 머릿속에 하고 싶은 말이나 물어보고 싶은 것이 있는데, 순서대로 말하지 못하거나, 어떻게 말해야 할지 망설이는 것 같습니다. 그러면 "잠깐 연습해 볼까요?"라고 말하면서 함께 리허설을 합니다.

"항상 신세를 지고 있습니다. 지난번에는 아들이 폐를 끼쳐드려서 죄송했습니다. 선생님께서 여러 가지로 신경 써주신 덕분에 아들이 조금 안정되었습니다. 감사합니다."

본론에 들어가기 전에 이렇게 반드시 '덕분에'라는 말을 강조합니다. 이런 당부를 하지 않으면, '아이가 이런 일로 고민하고 있다' '이런 식으로 상처받고 있다' 그래서 '어떻게든 무언가를 해주었으면 좋겠다'는 식으로 자신의 주장만 말하는 사람이 많습니다. 어쩌면 자신의 부모가 그렇게 '덕분에'라고 고개 숙이는 모습을 보여주지 않았기 때문일지도 모릅니다.

액시스에서는 이 주제와 관련해 '긍정적 사고 "덕분에"를 실천하자!'라는 워크숍을 진행했습니다. 포인트는 '○○ 때문에… 화가 나'라는 생각을 '○○ 덕분에 이런 좋은 일이 있었어!'로 전환하는 방법을 배웁니다. 관점을 바꾸는 노력을 기울이고, 그 결과 가정 내에 선순환을 만들자는 것입니다.

그래서 먼저 '○○ 때문에' 기분이 나빴던 일을 꼽는데, 에피소드가 너무 많아 깜짝 놀랐습니다. "남편 때문에 화가 나요." "자녀의 언행 때문에 기분이 나빠졌어요." "동료의 태도 때문에 상처받아요."

참가한 부모의 오랜 생각이 마치 마그마처럼 분출되는 모습이었습니다. 쉽게 생각을 전환할 수 있도록 미리 '이런 싫은 일을 당했는데'라는 예시를 준비해 '덕분에 이런 깨달음이 있었다'는 식으로 연습한 후, 실제로 자신이 분출해야 할 마그마를 마주하게 했습니다. 예를 들어 '○○ 때문에 화가 난다. 하지만 덕분에 ○○가 있었다'라고 할 수 있습니다.

그런데 예제를 연습할 때는 '덕분에'로 꽤 잘 바꿀 수 있는데도, 막상 자신의 실제 마그마를 대입하면 "안 돼요! 아무래도 무리예요"라고 하거나 "지난 세월의 응어리가 분출돼요"라면서 부정적으로 마음을 닫아버립니다. 그래서 칭찬이나 완전한 긍정을 목표로 하지 않고, 약간의 아이러니를 섞어가며 "○○ 덕분에 인생이 재미있어졌어"라고 말하도록 설득했습니다.

이런 전환을 자녀에게 적용해보세요. 예를 들어 '아이가 숙제를 하지 않는 것'을 그대로 받아들이면 부정적 사건으로만 볼 수 있죠. 그러나 관점을 바꾸면 '숙제를 전혀 하지 않고도 태연할 수 있다니, 와우! 속이 꽉 찬 아이구나'라고 생각할 수 있습니다. 부모님이 그것을 깨닫게 되면, 아이에게 하는 말이 달라질 것입니다.

한 가지 중요한 것이 있습니다. 진심으로 그렇게 생각하라는 것이 아닙니다. 그런 생각을 할 수 있다고 부모가 생각만 해도 괜찮습니다. 그러면 "숙제를 전혀 하지 않는 너는 장래에 고등학교 입시에서도 낙오자가 되어 좋은 고등학교에 가지 못하고, 결과적으로 사회에서도 낙오자가 될 거야" 같은 무서운 저주의 말은 사라집니다.

대신 "엄마라면 그렇게 숙제를 하지 않으면 학교 가고 싶지 않을 텐데, 너는 정말 대단한 사람일지도 몰라"라고 말할 수 있습니다. 아이가 '나는 숙제를 전혀 안 하는 사회의 낙오자'라는 각인을 지닌 채 자라기보다 '나는 꽤 대단한 사람이다'라고 당당하게 받아들이는 것이 행복을 찾을 수 있게 만든다고 생각해요. '때문에'를 '덕분에'로 바꾸는 긍정적 전환, 꼭 한번 시도해보세요.

아주 커다란 축을 세운다

고학력 부모 가정에서는 자녀 양육의 축을 대개 공부로 삼습니다. 그런데 '반드시 매일 숙제한다'를 축으로 삼으면 부러지기 쉽습니다. 지금 아이의 발달 단계에서 중요한 것은 무엇일까요? 눈앞에 있는 우리 아이가 평생 행복하게 살기 위해 무엇을 축으로 삼아야 할지 생각해보길 바랍니다.

우선 '일찍 자고 일찍 일어난다'는 것은 절대로 양보할 수 없습니다. 절대적인 축이죠. 예를 들어 토요일과 일요일에 축구 시합이 있었고 밤이 되어서야 숙제를 하지 않았다는 것이 드러났다고 해보겠습니다. 그러면 부모는 "오늘은 늦게 자더라도 숙제를 끝마쳐라"라고 말합니다.

아이 입장에서 보면, 부모가 '일찍 자고 일찍 일어나 아침밥 먹는' 것을 반드시 지켜야 한다고 말해놓고 "숙제할 때까지 잠자리에 들면 안 돼"라고 명령하는 것은 커다란 모순입니다. 숙제해야 한다는 또 하나의 축을 세우면, 최초의 절대 축은 쉽게 부러져버리고 맙니다. 즉 아이 입장에서 보면 이중 기준이 됩니다.

1장에서 언급했지만, 이 모순은 아이의 불안을 자아냅니다. 그렇게 되는 것을 막기 위해서는 다른 축이 끼어들지 못할 정도로 아주 커다란 축을 세워야 해요. 보고 싶은 TV 프로그램이 있다 해도 취침 시간이 지났다면 "우리 집에는 중요한 기준이 있어. 녹화해서 나중에 보자"라고 말하며 지체 없이 잠자리에 들도록 해야 합니다. 하루 24시간 중 학교에서 보내는 시간과 수면, 식사, 목욕, 집안일 돕기 등 생활시간을 빼면 기껏 한 시간 30분밖에 남지 않습니다. 그 남은 시간을 공부에 배당하는 것이 좋습니다.

그럼에도 공부를 주축으로 삼는 고학력 부모 가정이 적지 않습니다. "너는 숙제하고, 학원 공부를 복습해라. 시간표 확인하기 등 내일 필요한 준비는 전부 엄마가 할게." "학교에서 왕따를 당했다고? 자, 엄마가 선생님께 말해둘 테니 너는 걱정 말고 공부만 해라." 이 두 가지 모두 제가 직접 들은 말입니다. 숙제하지 않는다, 공부를 잘 못한다 등 아이의 부정적인 면에 관심을 집중하면, 부모는 타인의 시선에 신경 쓰게 됩니다. 그리고 다른 아이와 비교하죠. 선망과 질투에 휩싸여 축이 부러지기 쉬워집니다.

"알겠는데, 좀처럼 잘 되지 않아요"라고 많은 분이 말합니다. 그렇게 말하더라도, 핵심적인 축을 알고 있다면 일이 잘못되었을 때 되돌릴 수 있습니다. 알고 있는 것과 모르는 것은 하늘과 땅만큼이나 차이 나기 때문입니다.

그 축을 이 책에서 찾으신다면 기쁠 듯합니다.

나가며

이 책 여기저기에서 비판하기는 했지만, 고학력 부모가 모두 틀린 것은 아닙니다. 이해력이 높고, 노력파이며, 경제적 여유가 있는 사람들입니다. 원래는 여러 일을 잘하는 사람들이죠.

그런 사람들이 왜 자녀 양육을 잘 못하는가 하면, 상대가 '아이'라는 미지의 존재이고, 특히 인간은 어린 시절에 논리보다 감정에 따르는 동물이라서 고학력 부모의 성공 경험이 통하지 않기 때문입니다.

하지만 육아에 어려움이 따르는 것은 동서고금을 막론하고 부모라면 누구나 마찬가지일 것입니다. 고학력 부모는 대부분 잘 안될 때 '왜 안되는 걸까?'라고 크게 낙담합니다. 그것은 관점의 문제입니다. 관점을 바꾸면 모든 것이 좋아질 가능성이 있습니다. '육아는 잘 안되는 게 당연하다' '이 점이 잘

되니 우리 가정은 운이 좋다' 정도의 관점을 가진다면 마음이 한결 편해집니다.

우리 부부는 둘 다 의사인데, 다른 사람이 보기에 고학력 부모에 해당될 수 있을 것입니다. 하지만 부모님이 고학력 부모의 부정적 면을 명확히 보여주신 '덕분에' 우리 부부는 육아에서 헤매지 않고 인생을 즐길 수 있었습니다. 솔직히 딸의 시험 점수에 일희일비할까 싶어, 점수를 본 적이 거의 없습니다. 이 책에도 여러 번 등장한 딸에게는 좋은 '실험 결과'를 제공해줘서 고맙다고 이 자리를 빌려 감사 인사를 전하고 싶습니다.

아이에게는 아이의 인격이 있고, 결코 부모의 소유물이 아닙니다. 다른 인격인 이상, 가치관 역시 다릅니다. 무엇보다 해서는 안 되는 것이 '가치관의 강요'라는 것을 이 책을 읽으면 잘 알 수 있을 것입니다.

자녀가 부모에게 가장 바라는 것은 믿어주는 것입니다. 양육은 걱정을 신뢰로 바꾸는 여정입니다. 그 말을 다시 한번 전하며 이 책을 마무리하고자 합니다.

옮긴이의 말

사람은 일생 동안 여러 사람과 관계를 맺는데, 그 가운데 자녀는 각별한 의미를 지닌다. 타인들은 만나기 전부터 존재해왔지만, 자녀는 내가 존재 자체를 생성했기 때문이다. 내가 출산을 선택하지 않았다면 아이는 세상에 나올 수 없었기에 자녀를 낳아 부모가 되어 그를 키우는 일은 신비로운 과업이다. 자녀가 무럭무럭 성장하는 모습은 경이롭고, 그것을 지켜보면 가슴이 뿌듯해진다.

하지만 다른 한편 부모 노릇은 막중한 책임을 수반하는 일이다. 자녀가 어릴수록 부모가 어떻게 양육했는지가 인생 전반에 걸쳐 영향을 미친다. 따라서 타이밍이 중요하다. '학이시습지 불역열호 學而時習之 不亦說乎'에서 강조하듯 '때에 맞춰 timely' 배워나가야 올곧게 성장한다. 어느 단계를 놓치거나 잘못 배우거나 제대로 밟아나가지 못하면 후유증이 오래 남는다. 지적인 성장만 그런 것이 아니다. 신체 발육과 정서, 그리고 사회성 결핍은 더욱 심각한 결과로 이어질 수 있고, 어린 시절에 그 기초를 닦아줄 책임은 일차적으로 부모에게 있다.

자녀가 사춘기에 접어들면 부모 노릇 하기가 점점 어려워진다. 이제 적응이 되었다 싶은데, 곧 전혀 다른 아이로 바뀌어버린다. 친구 사이에 벌어진 일을 엄마에게 미주알고주알 털어놓던 아이에게 비밀이 생긴다. 휴대폰에 비밀번호를 걸어놓고 전화가 올 때 자기 방으로 쏙 들어가버리면, 그렇게 섭섭할 수 없다. 더 나아가 공부를 뒷전으로 미뤄두고 엉뚱한 세계에 빠져든다거나 말대꾸하고 반항까지 하면, 과연 내가 낳은 아이가 맞나 하는 생각까지 든다. 아이 마음이 도대체 이해할 수 없는 블랙박스처럼 되어간다.

점점 더 많은 부모가 무력감을 호소한다. 물질적으로 풍요로워지고, 자녀 양육에 관련된 정보가 넘쳐나며, 자녀 수가 줄어들었는데 양육은 오히려 더욱 버겁게 느껴진다. 한국만의 사정이 아니다. 대다수 선진국에서 많은 부모가 자신의 역량에 한계를 절감하고 있다. 뉴스, 출판물, 유튜브, 영화나 드라마에서 그런 정황을 확인할 수 있다. 나라마다 사회적 환경과 문화적 배경이 다르지만 자녀 양육을 둘러싼 고민을 나누며 성찰과 지혜를 얻을 수 있다. 이 책 역시 그런 바람에서 번

역하게 되었다.

이 책의 원제는 '고학력 부모라는 병'이다. '~라는 병'은 일본에서 유행하는 책 제목인데, '고학력 부모'를 주어로 한 것은 사뭇 도발적이다. 저자는 소아정신과 의사로 오랫동안 여러 부모를 만나오면서, 부모의 학력이 높을수록 자녀를 망치는 경우를 자주 접했다. 왜 그럴까? 공부를 많이 해서 지성이 풍부할 텐데 양육에 오히려 무능해지는 까닭은 무엇일까?

여러 변수가 맞물린다. 저자는 자신의 성취에 몰두하느라 육아를 늦게 시작하게 된 것, 그로 인해 불안해지고 강박에 시달리는 것, 자신의 성취를 기준으로 과도한 목표를 자녀에게 강요하는 것, 편협한 평가와 판단을 내리면서 아이를 몰아세우는 것, 자기가 부모에게 받은 상처를 무의식적으로 대물림하는 것, 사회경제적 지위가 높고 자존심이 강하기에 오히려 문제를 직시하지 않으려 하는 것 등이 얽혀 있다고 진단한다. 그런 질곡 때문에 아이가 빗나가고 자녀와의 관계가 어그러져도 알아차리지 못하기 일쑤다.

이 책에서는 고학력 부모가 자녀를 양육할 때 빠지기 쉬운 세 가지 리스크인 간섭-모순-맹목적 사랑을 짚어낸다. 아이의 미래를 위해 개입하지만 자가당착에 빠지고, 극진하게 헌신하지만 오히려 사이가 점점 멀어진다. 자녀에 대한 신뢰가 근본적으로 결여되어 있기 때문이다. 상대방을 믿지 못하면 원만한 관계를 맺을 수 없다. 그렇다면 신뢰의 걸림돌이 되는 것은 무엇인가? 저자는 완벽주의, 허영심, 고독을 꼽는다. 학력이 높은 부모일수록 마음이 건강하지 못하기 쉽고, 그러면 아이에게 좋은 영향을 끼치기 어렵다.

경쟁 사회에서 자녀가 유리한 고지를 선점할 수 있도록 조기교육에 매진하는 풍토는 일본에서도 나타난다. 저자는 다섯 살 아이에게 사인-코사인을 가르치는 예를 언급하며 그렇게 과도한 선행 학습은 인간성을 왜곡시킨다고 말한다. 인간의 뇌는 자라나는 순서가 있는데, 신체와 정서 발달을 무시하고 인지 향상만 강요하면 올곧게 성장할 수 없다는 것이다. 당장은 앞서가는 듯 보이지만, 얼마 지나지 않아 공부를 아예 포기하고 주저앉아버리는 경우가 많다.

한국 부모의 교육열은 일본보다 훨씬 극성스럽다. '4세 고시' '7세 고시'까지 등장할 정도니 말이다. 이런 행태는 명백한 아동 학대. 서울 강남에 사는 아동과 청소년이 정신 질환에 가장 많이 시달린다고 하는데, 집단적 병리 현상이다 보니 그 안에 매몰되어 있으면 당연시하게 된다. 몇 해 전 방영된 드라마 〈스카이 캐슬〉에서 잘 묘사했듯 일부 부모의 의식과 정서가 심하게 뒤틀려 있다. 외형적으로는 유복한 가정이지만 가족 관계는 황폐해지고, 부모와 자녀 모두 불행의 늪에 빠져 출구를 찾지 못한다.

그 뿌리에는 부모의 불안이 자리 잡고 있다. 아이가 뒤처지기 시작하면 인생이 낙오할 것이라는 생각에 사로잡혀, 안달하고 다그친다. 그럴수록 아이는 위축되고 지적 능력은 물론 정서와 사회적 역량도 퇴화한다. 그런 악순환에서 벗어나지 못하면 자녀 양육이 고통스러워질 수밖에 없다.

이 책의 저자는 말한다. 자녀 양육은 걱정을 신뢰로 바꾸는 여행이라고. 이 책을 읽는 독자가 지금 자신이 어떤 지점에서 있는지 가늠하게 되리라 기대한다. 아울러 자녀의 온전한 성장을 돕도록 양육하려면 어떻게 방향을 잡아야 하는지 안내받을 수 있을 것이다.

출간을 결정해주신 김영사, 번역된 문장을 꼼꼼히 다듬고 매끈하게 편집해주신 이혜민 편집자에게 감사드린다.

2025년 7월

김찬호